d

350 355 360 20

e Kaart
an
LAND
9sten tot den
raad.

Y S Z E E

70

Primus Meridianus

Meuwen Klip

Obygdeʃ: loca inculta

erk M. Huitʃerk

Frankabuder

Yl. Grims

Cap Noord

Yl. Enkhuizen

65

Yl. Papy

Oost

Coen
S. Olai et

agust

Snæfelsnæs

Gunbiorns Skiær

Hola

65

M. Hekla

Beeren Fiord

lange Fiord

Skalholt

Skaga Fiord

I J S L A N D

Herjolfsnæs

fiürd

per inʃulam

60

60

Ferro ductus

OCEAAN

Het verzonken Land van Bus, eertyds Friesland.

Jan I. Faltings
Föhrer Grönlandfahrt
im 18. und 19. Jahrhundert

tu ualmam
an ualaatj

Jan I. Faltings

Föhrer Grönlandfahrt
im 18. und 19. Jahrhundert

und ihre ökonomische, soziale und kulturelle Bedeutung für die Entwicklung einer spezifisch inselnordfriesischen Seefahrergesellschaft

Verlag Jens Quedens · Insel Amrum

Abbildung auf dem Umschlag:

Prospect af Logen Godhavn og Inspectur boligen sam 4 Skibe. Sophie. Disko. Freden og Sælhunden. Seet fra det lidet udkik 1829.

Ansicht der Handelsniederlassung Godhavn im Sommer 1829; aquarellierte Zeichnung des Zimmermanns Hans Willumsen (1788-1860), von dem entsprechende Abbildungen anderer grönländischer Niederlassungen bei F. Gad 1978, *Grønlands Historie*, Bd. 3: 193, 257, 297, dargestellt sind. Bei den vier genannten Schiffen handelt es sich um das Fregattschiff *Sophia*, Kapitän Früd Faltings (1783-1851) aus Oldsum auf Föhr, die Bark *Disko*, Kapitän Peter Schwennesen (*1793) aus Løjt b. Apenrade, die Brigg *Freden*, Kapitän Jeppe Schwennesen (*1790) aus Løjt b. Apenrade, sowie verdeckt das Kolonieschiff, die Galeasse *Sælhunden*. (Repro: Ferring Stiftung, Alkersum auf Föhr)

Abbildung auf dem vorderen Vorsatz:

Nieuwe Kaart van Groenland van den 59sten tot den 73sten Graad, 1767; aus: D. Cranz, *Historie van Groenland*, 1767: XXXIV. (Repro: Ferring Stiftung, Alkersum auf Föhr)

Abbildung auf dem hinteren Vorsatz:

Neue Charte von Alt und Neu Groenland mit der Strasse David, 1723; aus C.G. Zorgdrager, *Alte und neue Grönländische Fischerei und Wallfischfang*, 1723: 22. (Repro: Ferring Stiftung, Alkersum auf Föhr)

Gefördert aus Mitteln des Freundeskreises der Ferring Stiftung und der Rörd Braren Bereederungs-GmbH & Co. KG.

© Jens Quedens Verlag, Insel Amrum, 2011
Lektorat: Volkert F. Faltings, Reinhard Jannen
Layout: Volkert F. Faltings, Uta Marienfeld, Andreas Zimmermann
Druck: Husum Druck- und Verlagsgesellschaft mbH u. Co. KG, Husum
ISBN 978-3-924422-95-0

Inhalt

6

Vorwort

*„Die Leute betreiben hier die Grönlandfahrten wie
etwas, das mit zu ihren gewöhnlichen, jährlich wie-
derkehrenden Geschäften gehört. Es scheint einem,
als läge Grönland ganz nahe bei Friesland."*[1]

In der Tat dürfte keine Region im nordwestlichen Europa in ihrer jüngeren Geschichte durch den arktischen Walfang stärker geprägt worden sein als die der nordfriesischen Inseln und Halligen;
keine wirtschaftliche Epoche davor oder danach hat das Denken
und Handeln ihrer friesischen Bewohner nachhaltiger beeinflusst
und kein Zeitalter der Vergangenheit ist dort im kollektiven Ge-
dächtnis der Menschen lebendiger haften geblieben als das des
Walfangs. Das mag unter anderem erklären, weshalb die Erinnerung an den Grönländischen Walfang für viele der heutigen
Insulaner immer noch ein gruppenspezifisches Kriterium ihrer
inselnordfriesischen Identität ist.

Als Nachkomme eines Föhrer Seefahrergeschlechtes, dessen
Geschicke zwischen dem 17. und 19. Jahrhundert eng mit dem
Entwicklungsgang des niederländischen und dänischen Walfangs
in der Arktis verbunden waren, ist einem daher der Sinngehalt
des Begriffes *Grönlandfahrt* von Kindesbeinen an durchaus ge-
läufig, was mir den Zugang zu den komplexen Lebensumständen
jener Zeit und ihrer Mentalität, die uns Nachgeborenen häufig
so fremdartig erscheinen, nicht unwesentlich erleichtert hat. Darüber hinaus gestaltete sich die Beschäftigung mit dem Thema
Föhrer Grönlandfahrt im 18. und 19. Jahrhundert über seine bloße schriftliche Darstellung hinaus auch sehr schnell und allgegenwärtig zu einer Reise zurück zu den Wurzeln meiner eigenen
friesischen Identität, auf der ich viel über die inselnordfriesische
Kultur im Allgemeinen und meine Familiengeschichte im Besonderen lernen konnte.

---

1 Kohl 1846: 1,106.

7

Auf dem Wege dorthin ist mir von vielen Seiten Hilfe zuteil geworden. Dafür schulde ich allen meinen aufrichtigen Dank. Einen ganz besonderen Anteil am Zustandekommen der vorliegenden Arbeit hat mein akademischer Lehrer Kapitän Hans-Joachim Speer, Hochschule Bremen, genommen. Wertvolle Anregungen und sachdienliche Kritik erhielt ich zudem von Prof. Dr. Martin Rheinheimer, Syddansk Universitet in DK-Esbjerg. Mein ganz besonderer Dank gilt ferner den Mitarbeitern der Ferring Stiftung in Alkersum auf Föhr für ihre Unterstützung bei der Zusammenstellung der vielfältigen Spezialliteratur aus der umfangreichen Stiftungsbibliothek sowie bei der Aufbereitung der Buchillustration aus dem Fotoarchiv der Stiftung. Vor allem danke ich dem Bildarchivar der Stiftung Dr. Kai Faltings für seine sehr sachkundige Einführung in die Schiffsjournale des Föhrer Walfangkommandeurs Adrian Dircks (1753-1793), die mir die Benutzung dieser wichtigen Quelle überhaupt erst möglich gemacht hat. Zu großem Dank bin ich im Weiteren meiner Schwester Keike Faltings und nicht zuletzt meinem Vater Volkert F. Faltings verpflichtet für die kritische Durchsicht des Manuskripts sowie für die undankbare Aufgabe des Korrekturlesens.

Zu danken habe ich schließlich Frau Jutta Kollbaum-Weber für die Aufnahme der vorliegenden Arbeit in die Schriftenreihe des Dr.-Carl-Häberlin-Friesen-Museums in Wyk auf Föhr sowie dem Verlag Jens Quedens auf Amrum für die verlegerische Betreuung.

Bremen, im November 2010
Jan I. Faltings

1. Einleitung

„Grönlands eisiges Meer war uns, was Spanien Peru!"

Pastor Bahne Asmussen (1769-1844), 1824[2]

Diese Bemerkung des Pastors Bahne Asmussen aus dem Kirchspiel St. Nicolai in Boldixum über die Grönlandfahrt der Föhrer Walfänger zeugt nicht nur von einem uneingeschränkten Selbstbewusstsein der Inselfriesen, es mag dem Leser zunächst auch etwas übertrieben erscheinen oder ihn zumindest zum Schmunzeln animieren. Jedoch wird diese Arbeit zeigen, dass jenes Zitat nicht nur ernst gemeint war, sondern darüber hinaus sogar als äußerst zutreffend bezeichnet werden kann.

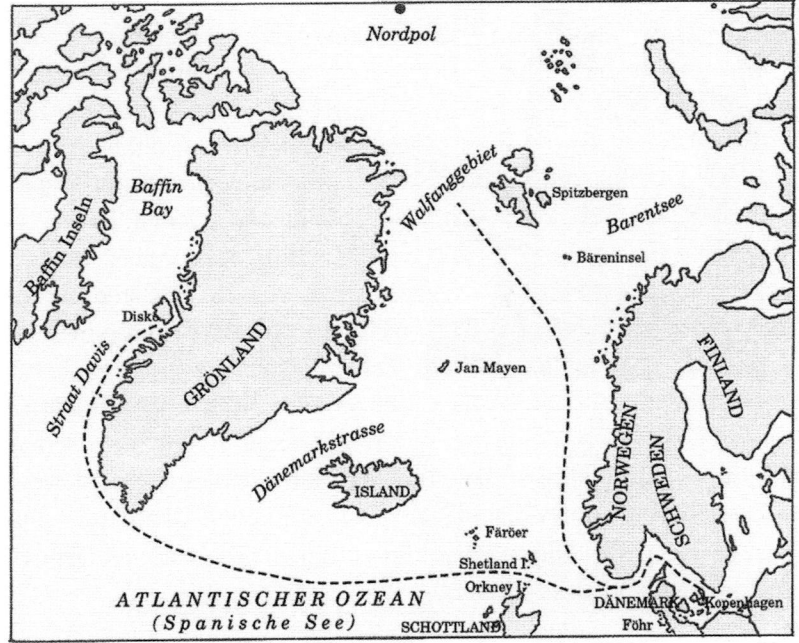

1. Die Segelrouten der Walfang- und Proviantschiffe des Grönlandhandels.

---

2 Zeile aus dem Huldigungsgedicht *An unsern huldreichsten König und Vater Frederik VI. bey Dessen Besuch auf Föhr. Gefühlt von allen, gesprochen v. B. Asmussen, Prediger zu S. Nicolai, Juny 1824,* das Bahne Asmussen auf den dänischen König Frederik VI. (1768-1839) schrieb, als dieser im Juni 1824 Föhr besuchte; Einblattdruck im Archiv des Dr.-Carl-Häberlin-Friesen-Museums.

9

Dabei ist der in die Geschichte und in die Literatur eingegangene Begriff „Grönlandfahrt" im geographischen Kontext zunächst als missverständlich zu bewerten, wurde doch der Walfang nie ausschließlich in grönländischen Gewässern betrieben. Der Terminus führt auf einen Irrtum des holländischen Entdeckers Willem Barentsz (ca. 1550-1597) zurück, der Spitzbergen vorderhand für einen östlichen Teil Grönlands hielt,[3] wobei der Walfang in den Gewässern um Spitzbergen seinen Anfang nahm. Im Sprachgebrauch der Seeleute wurde aber an der Bezeichnung „Grönlandfahrt" auch nach besseren geographischen Kenntnissen und der Erschließung weiterer arktischer Fanggebiete festgehalten. In der vorliegenden Arbeit erachte ich es daher für zweckmäßig, es bei dem historischen Begriff „Grönlandfahrt" zu belassen, auch wenn dabei andere Gebiete – vor allem Spitzbergen – gemeint sein können. In diesen Fällen wird gesondert darauf eingegangen. Im Übrigen unterschied man auf Föhr ursprünglich sehr wohl zwischen einem Grönlandfahrer, der Walfang im arktischen Eismeer zwischen Spitzbergen und der Ostküste Grönlands betrieb, und einem Straat-Davis-Fahrer unter der Flagge des Königlichen Grönlandshandels, der von Kopenhagen aus zu den dänischen Kolonien an der Westküste Grönlands segelte.[4]

2. Eine niederländische *Schmack*, 1789.

In jedem zeitigen Frühjahr verließ der überwiegende Teil der männlichen Bewohner Föhrs die Insel, um dem Walfang in den

---

3 Jensen 1927: 201.
4 Roeloffs 1983: 238.

arktischen Gewässern nachzugehen. Posselt schreibt, dass mit Beginn des Frühjahrs in einem regelrechten Konvoi zehn bis vierzehn Schmacken und andere kleinere Fahrzeuge in Richtung Elbe und Holland unterwegs gewesen seien, um die weit über 1.000 Föhrer Walfänger an den Ort ihrer Bestimmung zu bringen, vorzugsweise nach Hamburg und Amsterdam.[5] In den europäischen Metropolen stieg die Nachfrage nach dem Waltran stetig, denn kein anderer damals bekannter Brennstoff brannte so hell und sauber wie dieser, und so begann bereits im 16. Jh.

3. Der Hafen von Amsterdam um 1800; zeitgenössischer Stich aus C. van der Aa, *Atlas van de Zeehavens der Bataafsche Republiek*, 1805: 76.

– ähnlich dem amerikanischen Goldrausch im 19. Jh. – ein regelrechter Ansturm auf das größte Säugetier der Welt, den Wal, dem die meisten der damaligen europäischen Seefahrtsnationen folgten.[6]

Armut und Perspektivlosigkeit trieb viele Inselfriesen der damaligen Zeit in das gefährliche, harte und schmutzige Geschäft des Walfangs, wo sie sich bald unter den Reedern der

---

5 Posselt 1796: 3; vgl. auch Lindeman 1869: 35.
6 Feddersen 1995: 12f. und Bruijn 2000: 172.

holländischen, hanseatischen und dänischen Flotten einen aus-gezeichneten Ruf als tüchtige, zuverlässige Seeleute erarbeiteten. Viele einfache Seefahrer stiegen in die Spitze der Mannschaftshierarchie auf, wobei auf den meisten Schiffen ein Föhrer Kommandeur, Steuermann, Harpunier oder Speckschneider fuhr. Diese ungewöhnliche Entwicklung ist nicht zuletzt den unabhängigen, auf Selbstorganisation basierenden Seefahrtsschulen der Insel zuzuschreiben, worauf im weiteren Verlauf dieser Arbeit genauer eingegangen werden wird.

Wenn man bedenkt, dass Föhr im Jahre 1769 genau 6.146 Bewohner zählte, wovon allein 1.600 aktiv zur See fuhren, darunter 150 Kommandeure, Kapitäne oder Schiffer,[7] so kann man sich leicht vorstellen, welchen Einfluss dieser Umstand auf die ökonomischen, kulturellen und demographischen Entwicklungen der Insel hatte. Brar C. Roeloffs führt hierzu näher aus:

> *„Aus der Mannschaft der seefahrenden Nordfriesen traten die Föhringer im besonderem Maße hervor. 1701 kam jeder dritte Commandeur auf hamburgischen Grönlandfahrern von Föhr. Die Südseekompanie in London besetzte um 1725 ihre gesamte Walfangflotte, bestehend aus 25 Schiffen, mit Commandeuren und Harpunieren dieser Insel. Während dieser Zeit sollen über 50 Grönlandcommandeure auf Föhr ihr Zuhause gehabt haben.“*[8]

Wie aus den Volkszählungslisten vom 1. Juli 1787[9] ersichtlich wird, standen in diesem Jahr allein in Oldsum auf Föhr 122 Seefahrern gerade einmal 32 nicht zur See fahrende männliche Erwerbstätige gegenüber; das entspricht einem Verhältnis von 79 zu

---

7 Vgl. Nerong 1903: 29, Jensen 1927: 202 und Oesau 1937: 206.

8 Roeloffs 1983: 237; vgl. ferner Lindeman 1869: 28, Hansen 1877: 179; Nerong 1903: 27f., Brinner 1913: 74 und Jensen 1927: 202.

9 *Verzeichniß von der Anzahl des Volcks zu St: Laurentii auf Westerland-Föhr, wie sie sich den 1sten July 1787 befunden, samt einer Erklärung von einer jeden Person Stand, Amt und Narungsweg, m.m.;* im Rigsarkivet København, zitiert nach einer Kopie im Archiv der Ferring Stiftung, Alkersum auf Föhr.

21%.[10] Das gesamte Kirchspiel St. Laurentii auf Westerlandföhr zählte seinerzeit 1.544 Einwohner in 366 Haushalten bzw. Familien, darunter 367 Seefahrer, die einen Anteil von rund 24% an der Gesamtbevölkerung ausmachen. Von diesen bekleideten 148 bzw. 40,3% den Rang eines Schiffsoffiziers, die restlichen 219 besetzten andere, niedrigere Mannschaftsränge. Dabei hatte der Jüngste unter ihnen, der Schiffsjunge Jürgen Lorenzen (1777-1801) aus Klintum, sein 10. Lebensjahr noch nicht einmal vollendet, der Älteste, der Steuermann Wögen Olufs (1719-1790) aus Toftum, war zum Zeitpunkt der Volkszählung 67 Jahre alt. In der folgenden Tabelle[11] wird die Aufteilung nach Dienstgrad noch einmal dorfweise veranschaulicht:

	Olds. 547 EW	Klint. 113 EW	Toft. 301 EW	Süd. 122 EW	Hed. 79 EW	Uters. 215 EW	Duns. 147 EW	sa. 1544 EW
Schiffsoffiziere	**65**	**11**	**32**	**12**	**3**	**17**	**8**	**148**
Kommandeur	7		2	1			1	11
Kapitän	4	1	2	1				8
Schiffer	3					1	1	5
Steuermann	16	2	6	5		3		32
Speckschneider	13	4	9	3	1	2		32
Harpunier	22	5	14	1	1	11	6	60
Sonstige:	**57**	**19**	**54**	**15**	**19**	**23**	**32**	**219**
Bootsmann	4			2		2	1	9
Schiemann	1		1				1	3
Zimmermann	3	2	2		1	2		10
Schiffskoch	1		1					2
Matrose	39	10	46	11	17	19	28	170
Schiffsjunge	9	7	4	2	1		2	25
Seeleute insg.	**122**	**30**	**86**	**27**	**22**	**40**	**40**	**367**

Die Bedeutung der inselnordfriesischen Seefahrer etwa für den Hamburger Wal- und Robbenfang dokumentiert folgende

---

10 Vgl. Lehmann 1999: 77 und Anhang Nr. 3, ferner Roeloffs/Wilke 2000: 18ff.
11 Vgl. auch Godbersen 2004: 156.

Tabelle,[12] die für die Zeit von 1761-1821 den Anteil der Inselnordfriesen an den Mannschaftszusammensetzungen darstellt:

Kommandeure	63%	Schiffsköche	38%
Steuerleute	67%	Schiffszimmerleute	23%
Speckschneider	42%	Schiemänner	20%
Harpuniere	40%	Matrosen	15%
Bootsleute	42%	Kochsmaat/Schiffsjunge	52%

Ferner berichtet Posselt davon, dass in den Jahren um 1795
auch spanische Walfangkompanien begonnen hätten, inselnordfriesische Seeleute anzuwerben und bereits zwei Föhrer Harpuniere auf spanischen Schiffen „im Südmeer" auf Walfang unterwegs seien,[13] und noch 1804 wirbt die Direktion der zaristischen
„Compagnie des Weißen Meeres" in Archangelsk sieben nordfriesische Walfangoffiziere an, um sie als Fachspezialisten beim
Aufbau einer russischen Walfangflotte sowie bei der Ausbildung
russischer Walfänger einzusetzen.[14] Nicht ohne Grund ist diese
Epoche daher als das „goldene Zeitalter" in die Regionalgeschich-
te eingegangen, und keine andere Zeit hat der Region ein prägen-
deres Gesicht gegeben. Zeugnisse dieser Epoche finden sich auch
heute noch in jedem Ort der Insel Föhr in und an den friesischen
Häusern auf vielfältige Weise und in großer Anzahl wieder.

Mit der Ausbeutung der Walbestände gegen Ende des 18. Jh.
blieben die Fangerfolge allmählich aus, und die Grönlandfahrer
konzentrierten sich zunehmend auf den Robbenschlag und den
Grönlandhandel. Die Seefahrtskultur und der gute Ruf der Seeleute, die sich über zwei Jahrhunderte auf diesem Gebiet gebildet
hatten, lebten lange weiter und Föhrer Fahrensleute bereisten in
der internationalen Handelsschifffahrt noch über viele Jahrzehnte die Ozeane dieser Erde, bis die Seefahrt Anfang des 20. Jh.
immer mehr an ihrer ursprünglichen Bedeutung verlor.[15]

---

12 Entnommen bei Voigt 1987: 189.
13 Posselt 1796: 2.
14 Voigt 1979: 71ff.
15 Roeloffs 1983: 240.

14

2. Soziale und ökonomische Auswirkungen des Walfangs auf die inselnordfriesische Bevölkerung

2.1. Zu den Anfängen des Walfangs und seiner Entwicklung im 17. und 18. Jahrhundert

Die nordfriesische Kulturlandschaft und ihre Lage an oder in der Nordsee war von jeher der optimale Ausgangspunkt für den Handel entlang der Küste. Der Transport von Waren über den Seeweg war die schnellste und effektivste Möglichkeit, denn befestigte Straßen und moderne Transportmittel fehlten. Archäologische Funde auf Föhr, Amrum und Sylt lassen vermuten, dass die Inselnordfriesen schon bei ihrer Einwanderung im 7./8. Jahrhundert in das Gebiet der heutigen Nordfriesischen Inseln, des sogenannten Utlands, Seefahrer oder besser – ähnlich den Wikingern – seefahrende Bauern und Händler waren mit einem großen Aktionsradius entlang der Nordseeküste zwischen der Rheinmündung und Skandinavien.[16]

Im 14. und 15. Jh. gab es bereits eine andere wirtschaftliche Blütezeit, als die Friesen anfingen, aus den salzhaltigen Torfwiesen Salz zu sieden.[17] Salz wurde zu jener Zeit als ein kostbarer Rohstoff gehandelt, der nicht nur Exportgut war, sondern im großen Stil auch als Konservierungsmittel benötigt wurde, um Lebensmittel wie Fisch und Fleisch haltbar zu machen. Die nordfriesische Salzgewinnung ging zum Teil einher mit dem Zeitalter des Heringsfanges in der Deutschen Bucht. Es waren vor allem Niederländer, Jüten und Hanseaten, die zusammen mit den Friesen vor Helgoland eine rege Heringsfischerei betrieben,[18] denn diese Fischart kam zu jener Zeit noch massenhaft in den

---

16 Jankuhn 1960: 11ff. und Kühn 2001: 499ff.
17 Häberlin 1934 und Marcussen 1977: 110ff.
18 Jensen 1927: 200, Siebs/Wohlenberg 1953: 120f., Timmermann 1975: 7ff., Faltings 2003: 1.

Gewässern um Helgoland vor. Die einst enge Verbindung zwischen Helgoland und den Inseln Föhr und Amrum belegt nicht zuletzt der friesische Dialekt der beiden Inseln, das sogenannte *Fering-Öömrang*, welcher auf allen sprachlichen Ebenen von einer wechselseitigen Beziehung zu dem Helgoländer Friesischen, dem *Halunder*, zeugt. So weist das *Fering-Öömrang* mit dem *Halunder* trotz der räumlich größeren Distanz mehr Gemeinsamkeiten auf als mit dem *Sölring* der benachbarten Insel Sylt.

Mit der Fischerei vor Helgoland und der Salzsiederei entstand ein früher Industriezweig, durch den Salzsieder, Fischer, Kaufleute und Kauffahrer zu Wohlstand gelangten. Diese Entwicklung fand jedoch ein Ende, als die vermeintlich unermesslichen Heringsschwärme vor Helgoland ausblieben. Der erlangte Wohlstand verging, und Armut machte sich an Nordfrieslands Küste bemerkbar.[19]

Als englische und niederländische Entdecker Ende des 16. Jahrhunderts von massenhaften Walvorkommen in den arktischen Gewässern berichteten, tat sich unverhofft ein neuer Erwerbszweig für die Insulaner auf. Die alten holländischen Beziehungen, die sich während der Zeit des Heringfangs gebildet hatten, existierten offenbar noch, denn als man anfing, nach geeigneten Besatzungen zu suchen, um die Fangschiffe zu bemannen, stieß man bald auf die Nordfriesen.[20] Dabei waren diese anfänglich eher in den unteren Mannschaftsgraden anzutreffen, denn die Basken galten bis dahin traditionsbedingt als Spezialisten des Walfangs und wurden bevorzugt von Niederländern und Briten eingesetzt. Das änderte sich jedoch, als Frankreich seinen baskischen Untertanen verbot, auf niederländischen Schiffen anzuheuern. Oesau schreibt dazu:

> „Holland [suchte] *nach arbeitswilligen Helfern; denn Frankreich hatte gerade allen Basken verboten, in niederländischen Diensten auf*

19 Feddersen 1991: 12.
20 Feddersen 1991: 14 und Faltings 2003: 1.

Walfang zu fahren. Es glaubte damit den Niederlanden einen schweren Schlag zu versetzen, da diese mit eigenen Kräften den Betrieb ihrer Walfängerei nicht aufrechterhalten konnten. Nun fanden sich Insulaner und Holländer in gegenseitiger Hilfe zur gemeinsamen Tat, und die Annahme von Insulanern als Grönlandfahrer machte auch bei den Unternehmungen anderer Länder bald Schule."[21]

In der höchsten Blütezeit des holländischen Walfangs 1758-1762 fuhren im Spitzenjahr 1762 nachgewiesenermaßen 1.186 Föhrer Seeleute unter niederländischer Flagge nach Grönland und Spitzbergen; von den 138 ausfahrenden Kommandeuren stammten 34 von Föhr.[22] Das sind 24,6%. In der ganzen Geschichte des holländischen arktischen Walfangs ist die Anzahl Föhrer Kommandeure und anderer Schiffsoffiziere niemals durch die irgendeines anderen Herkunftsgebietes außerhalb der Niederlande übertroffen worden.[23] Nach 1770 nimmt die Zahl Föhrer Kommandeure auf niederländischen Walfangschiffen, aber auch die der übrigen Mannschaftsränge, rapide ab.[24] Das hängt unter anderem ganz wesentlich mit der Gründung des *Kongelige Grønlandske Handel* im Jahre 1774 zusammen. Von dieser Zeit an, insbesondere nach 1780, zieht es die Föhrer Walfänger verstärkt nach Kopenhagen (siehe Kap. 3.2.), wozu ursächlich auch die Auswirkungen des Vierten Englisch-Niederländischen Seekrieges von 1780-1784 beigetragen haben. Der letzte Föhrer Kommandeur, der in holländischen Diensten reinen Sommerwalfang betrieb, war Hark Nickelsen [holland.: Hendrik Cornelisz.] (1746-1825) aus Süderende; im Frühjahr 1803 brach er von Amsterdam aus auf dem Bootschiff *De Hoop op de Walvisvangst* ein letztes Mal nach Grönland auf. Die Reise entwickelte sich im Übrigen zu einem Fiasko, denn das Schiff wurde im arktischen Eis von einem englischen Kaper aufgebracht und mitsamt

---

21 Oesau 1937: 207; vgl. auch Brinner 1913: 76.
22 Dekker 1978: 145.
23 Dekker 1978: 112, 123 und 150f.
24 Dekker 1978: 151 und Bruijn 2000: 172ff.

der Mannschaft und der Ladung nach Liverpool entführt.[25] An dieser Stelle sollte freilich der Name des Föhrer Kommandeurs Hinrich Rickmers [holland.: Hendrik Rickmers] (1781-1842) aus Oldsum nicht unerwähnt bleiben, der 1826 auf der Brigg *Spitsbergen* und von 1829-1841 auf der Brigg *Spitsbergen II* von Harlingen in Westfriesland aus insgesamt 13 Reisen nach Jan Meyen

4. Das Amsterdamer Bootschiff *De Hoop op de Walvisvangst*, Kommandeur Hark Nickelsen [holland.: Hendrik Cornelisz.] (1746-1825) aus Süderende auf Föhr, der das Schiff von 1784-1803 führte; zeitgenössisches Aquarell.

und Spitzbergen unternahm, um dort vorzugsweise Robbenschlag zu betreiben, wobei nebenher auch der eine oder andere Wal harpuniert wurde, sofern sich eine passende Gelegenheit dazu bot.[26] Zwischen 1838 und 1840 segelte ebenfalls sein Sohn

---

25 Dekker 1978: 148 und Lüden 1989: 53.

26 Schokkenbroek 2008: 107, 111ff. und 297ff. Elf Schiffsjournale in niederländischer Sprache, die Hinrich Rickmers an Bord der Brigg *Spitsbergen II* zwischen 1830-1840 auf seinen Reisen nach Spitzbergen und Jan Meyen führte, liegen im Archiv des Dr.-Carl-Häberlin-Friesen-Museums in Wyk auf Föhr, Sign. Hf/431; Kopien davon befinden sich

Hinrich Brar Rickmers (1810-1869) aus Klintum auf Föhr als Kommandeur des Fregattschiffes *Dirkje Adema* von Harlingen nach Jan Meyen und Spitzbergen, auch er wie der Vater vornehmlich auf Robbenschlag.[27] Mit diesen beiden Kommandeuren ging für Föhr eine durch den arktischen Walfang geprägte Ära enger niederländisch-inselnordfriesischer Beziehungen zu Ende, die den Lebensrhythmus seiner spezifischen Seefahrergesellschaft in ihrem täglichen Handeln und Denken über nahezu zwei Jahrhunderte nachhaltig beeinflusst hatte.

2.2. Die Föhrer Navigationsschulen – Pflanzschulen des Erfolges

Ein wichtiger Stützpfeiler für den Erfolg der Föhrer in der Seefahrt bildeten die Föhrer Navigationsschulen, deren mehr als 200-jährige Tradition an der gesamten Nordseeküste ihresgleichen sucht.[28] Zwar finden die Schulen in den meisten Publikationen Erwähnung, häufig wird aber nicht ausreichend auf ihre Bedeutung eingegangen. Ohne diese Schulen wäre es keinesfalls möglich gewesen, dass derart viele Seeleute in die Stellung des Kommandeurs oder zumindest in die Position eines Schiffsoffiziers aufgestiegen wären.[29] So fuhren im Laufe des 18. Jahrhunderts nicht weniger als 128 Föhrer Kommandeure allein auf holländischen Schiffen.[30] G. Quedens bemerkt dazu:

> *„Die Inselfriesen waren seemännisch so begabt, daß sie dann auch sehr bald über die einfachen Mannschaftsränge hinaus Steuermänner und Kommandeure der Walfangschiffe stellten, ja in manchen Hafenstädten wie Hamburg und Amsterdam zeitweilig in der Schiffsführung dominierten."*[31]

---

im Archiv der Ferring Stiftung in Alkersum auf Föhr.
27 Schokkenbroek 2008: 128ff. und 300f.
28 Mehl 1968: 384f.
29 Voigt 1987: 189 und Faltings 2003: 4.
30 Dekker 1978: 123.
31 Quedens 1982: 9.

Diese Entwicklung kann ausdrücklich nur auf die hohe Qualität der Ausbildung an den Seefahrtsschulen zurückzuführen sein, denn ausgiebige Kenntnisse in der terrestrischen Navigation, vor allem aber in der aufwändigen astronomischen Navigation, sind sicherlich nicht auf Talent oder genetische Veranlagung zurückzuführen, wie dieses immer wieder behauptet und von vielen Insulanern wohl auch gerne selbst geglaubt wird. Für die Bestimmung der Breite, besonders aber für die Bestimmung der Länge sind umfangreiche Rechnungen notwendig, die zur

5. Unterrichtsraum der letzten privaten Föhrer Seefahrtsschule in Oevenum auf Föhr im Hause des Navigationslehrers Ocke H. Volkerts in der heutigen Dörpstrat Nr. 93 (vgl. Braren 1988: 84f. und Rasmussen 1996: 102f.); Gemälde von Julius Stockfleth (1857-1935) aus Wyk auf Föhr, 1933. Nach Auskunft der Nachkommen von O.H. Volkerts fand Stockfleth den Raum 1933 noch weitgehend unverändert vor. Ob er für das vorliegende Gemälde zusätzlich auf eine – fotografische? – Vorlage zurückgegriffen haben könnte, bleibt ungewiss.

damaligen Zeit ohne Computer oder Taschenrechner ein hohes mathematisches Grundverständnis und die Beherrschung von Winkelfunktionen voraussetzten.

Bei diesen Navigationsschulen handelte es sich nicht etwa um offizielle, staatliche Einrichtungen, wie wir sie heute kennen. Vielmehr waren diese Schulen privat organisiert, wobei selbst ein Schulgebäude fehlte. Der Unterricht fand in der guten Stube des Hauses statt, und der Lehrer war häufig in jüngeren Jahren selbst zur See gefahren. Das Schulgeld war niedrig bemessen, so dass sich auch Kinder aus mittellosen Familien den Besuch dieser Schulen leisten konnten. Viele Navigationslehrer verlangten gerade einmal die Deckung der Kosten für Brennholz und Kerzen, denn meistens fand der Unterricht in den Wintermonaten statt. Dann waren zum einen die jungen Männer von See zurück, zum anderen hatte auch der Lehrer Zeit, denn dieser ging häufig einer anderen Hauptbeschäftigung nach. Der Sylter Chronist Christian Peter Hansen schreibt dazu:

> *„Aeltere Seefahrer, welche die Welt gesehen, viel erfahren und manche nützliche Kenntnisse sich erworben hatten, theilten ihre Erfahrungen und Kenntnisse von jetzt an häufig andern jüngern Seefahrern, auch wohl der Jugend, mit, zuerst auf Föhr, später auch auf Sylt und den übrigen Inseln. Diese seemännischen Schullehrer sammelten namentlich in den Wintertagen und langen Winterabenden einen Kreis von Schülern rings um sich, unterrichteten und übten die Jugend im Lesen, Schreiben, Rechnen und Beten, die Erwachsenen aber in der Steuermannskunde oder in der Astronomie und Mathematik und zwar oft umsonst, mindestens für ein höchst unbedeutendes Honorar von 1 oder 2 Schillingen für jeden Schüler in der Woche. [...] Die Hülfsbücher dieser altfriesischen Schullehrer waren holländische und deutsche; ihr Unterricht wurde aber gewöhnlich in der friesischen oder plattdeutschen Sprache ertheilt; ihre Vorträge waren nach seemännischer Weise kurz und bündig, manchmal drollig; ihre Schulzucht war strenge; ihre Manieren ziemlich ungeschliffen; ihre Lebensweise höchst einfach und frugal. Die Rechnenkunde wurde als Hauptsache angesehen, [...] es wurde derselben in den Schulen, die bis zur Mitte des 18. Jahrhunderts dort in der Regel Privatschulen blieben, daher am meisten Zeit und Sorgfalt gewidmet, und es haben sich seit Petri's Zeiten* [gemeint ist Richardus Petri, s.u.] *viele seefahrende Inselfriesen als Mathematiker und Navigateure ausgezeichnet."*[32]

---

32 Hansen 1877: 136 f.; vgl. ferner Hansen 1865: 109ff. – Große Teile des Zitats hat Hansen wortwörtlich aus einem Ausspruch des Jacob Boysen (1753-1828), seinerzeit Diakon an St. Johannis in Nieblum auf Föhr, übernommen; vgl. Lüden 1989: 24.

Der Kapitän Jens Jacob Eschels (1757-1842) führt dazu in seinen Memoiren weiter aus:

„Ich ging diesen Winter in die Steuermannschule und zwar Abends von 6-12 Uhr, denn am Tage hatte der Lehrer Nickels Wögens, welcher auch in jüngeren Jahren zur See gefahren und nun das Uhrmacherhandwerk trieb, keine Zeit. Jeder Schüler hatte seine 3 Rechensteine [Schiefertafeln] *mit, diese mußten alle Abend voll gerechnet sein. Des andern Tages wurde es dann von den Tafeln in mein Steuermannsbuch geschrieben. Ich rechnete in 35 Abenden die zwei ersten Bücher von Klaas Hendricksen Giettermacker durch und bezahlte für jeden Abend einen Schilling lübsch und habe selbe hernach in 25 Tagen noch einmal durchgerechnet für einen Schilling pr. Tag; so daß mein Lernen der Navigation mir nur 60 Schillinge oder 1 Speciesthaler gekostet hat.“*[33]

Die Navigationsschulen boten damit einen praxisnahen Unterricht, eine Eigenschaft, die heute vielen Lehranstalten leider abgesprochen werden muss. Einige Lehrer publizierten neben ihrer Tätigkeit Lehrbücher, Rechen- und Interpolationstabellen oder widmeten sich der Herstellung von nautischen Geräten, wie z.B. der Navigationslehrer und Astronom Hans Momsen (1735-1811) aus Fahretoft auf dem nordfriesischen Festland, der für seine Oktanten, Teleskope und Uhren bekannt war.[34] Der wohl bedeutsamste nordfriesische Navigationslehrer, dessen Wirken weit über seine Heimatinsel Föhr hinausstrahlte, war Hinrich Brarens (1751-1826) aus Oldsum. Er betrieb in Wyk auf Föhr von 1796-1800 eine königlich-konzessionierte Seefahrtsschule, in der allein im ersten halben Jahr ihres Bestehens 61 angehende Schiffsoffiziere von Föhr und Umgebung examiniert wurden.[35] Brarens' Navigationslehrbücher erfuhren große Resonanz und fanden

---

33 Eschels 2006: 58; – auch Boysen 1791-93: 1,317 spricht von einem Schilling pro Tag, den der Besuch des Navigationsunterrichts gekostet habe.

34 Vgl. *Hans Momsen* 1982: 7ff. und 25ff.

35 Brarens erhielt im Sept. 1800 die Erlaubnis, seine Seefahrtsschule nach Tönning an der Eider zu verlegen, nachdem er dort Lotseninspektor geworden war; vgl. Jung Peters 1798: 265 und Häberlin 1906a: 59 (Anhang).

auch noch lange nach seinem Tod Anwendung. Seine Hauptwerke sind *Das System der praktischen Steuermannskunde* (1800) und *Das System der praktischen Schifferkunde* (1807).[36] Insbesondere das letzgenannte Lehrbuch erlangte internationalen Beifall und war zweifellos das modernste seiner Art in Mitteleuropa, indem Brarens außer der Nautik und ihren Hilfswissenschaften als Erster auch Physik, Seerecht und Betriebswirtschaft unterrichtete. Sein Stoffplan thematisierte sogar Fragen der Personalführung, womit er seiner Zeit um 150 Jahre voraus war, denn erst 1964 stand an den deutschen Seefahrtsschulen erstmals das Fach „Personelle Betriebsführung" im Lehrangebot.[37] Auf die Navigation in der Grönlandfahrt wird später in einem gesonderten Kapitel noch eingegangen.

Besonders hervorgehoben werden sollten in diesem Zusammenhang die Leistungen des Pastors Richardus Petri (1597-1678), der in der Gemeinde St. Laurentii auf Westerlandföhr tätig war. Er gilt als der Gründer privater Navigationsschulen, obwohl er selbst nie zur See gefahren ist. Sein Unterricht war im Übrigen kostenlos, „allerdings mit der Maßgabe, dass diejenigen, die es später zum Kommandeur oder Steuermann brächten, sich ebenfalls kostenlos um die Weitervermittlung ihrer Navigationskenntnisse an die nachfolgende Jugend bemühen sollten, was dann auch geschah".[38] Seiner Weitsicht und Initiative ist es zu verdanken, dass später in den Häusern vieler alter Fahrensleute Schulen dieser Art entstanden.[39] Ähnliches berichten die Quellen über Urban Flor (ca. 1666-1739), den aus Süderende auf Föhr gebürtigen Pastor an St. Martin in Morsum auf Sylt, der einst ein Schüler von Richardus Petri gewesen war und nun in seinem

---

36 Nerong 1903: 39f., Oesau 1937: 272ff., Zacchi 1986: 25ff., *Biographisches Lexikon für Schleswig-Holstein und Lübeck*, Bd. 6, 1982: 36f. und Falk 1987: 101.
37 Vgl. Mehl 1968: 396 und 399.
38 Faltings 2003: 4; vgl. ferner Tedsen 1939: 111ff. und Mehl 1968: 383.
39 Vgl. Jung Peters 1826: 390, Hansen 1877: 136, Nerong 1903: 30 und 37f., Lüden 1970: 602ff. und Falk 1987: 98ff.

Sinne auf Sylt wirkte.[40] Auch andere Föhrer Geistliche folgten ihrem Beispiel und unterrichteten insbesondere die Jugend in der Navigation, wie etwa der Pastor an St. Laurentii Lago Aegidius Wedel (1664-1723) aus Süderende[41] oder der Pastor an St. Nicolai Bahne Asmussen (1769-1844) aus Wrixum,[42] der die Erfahrungen seines langjährigen Unterrichts 1828 in einer *Schiffahrtskunde* herausgab. Im Vorwort dazu heißt es:

> *„Was Laune und Unterricht erzeugte, überreiche ich hiermit allen*
> *Seefahrern in Liebe und Achtung. Möge es Nutzen schaffen und Ver-*
> *gnügen. Seyd glücklich auf dem großen, stürmischen Weltmeer und*
> *laßt die Vernunft Octant, das Wort Kompaß, das Gewissen Ruder und*
> *den Glauben die Karte sein!"*[43]

Insbesondere die Lehr- und Merksätze hat Asmussen in Reime gefasst, dessen launiger Grundton dem Lehrbuch eine unverwechselbare, heitere Note verleiht. Zu der Problematik, den „wahren Cours" nach missweisendem Kompass zu segeln, heißt es beispielsweise:

> *Wenn auf dem Meere*
> *es also wäre,*
> *wie auf dem Lande*
> *und hohem Sande,*
> *daß Steine ständen*
> *und da sich fänden*
> *Merkzeichen klärlich,*
> *dann nicht gefährlich*
> *zu finden wäre*
> *der Weg der Meere.*
>
> *Da diese fehlen,*
> *so muß man wählen*
> *zu seinem Führer*
> *und Coursregierer,*
> *des Compaß Rose*

---

40 Hansen 1865: 100, Nerong 1887: 21 und Schlee 1960: 80.
41 Braren 1980: 2,631.
42 Nerong 1898: 26ff., Nerong 1902, Jensen 1928 und Koops 1987: 90.
43 Asmussen 1828, Vorwort.

so rund und lose!
die leicht verwirret,
fast immer irret,
wie mancher Leute
vorher und heute.

Laß nicht trügen
von ihren Lügen!
Es ist am besten,
weicht sie nach Westen
dann links zu zählen,
um nicht zu fehlen.
Weicht östlich sie,
vergeß' es nie
und sag' den Knechten:
zählt ihr zur Rechten!

Nun leicht zu finden,
leicht zu ergründen,
wie anzulegen,
zu deinem Segen,
um Cours zu halten
und recht zu walten.
Sollt' sie mißweisen
und Westen preisen,
steur' du zur Rechten
mit deinen Knechten.

Sie östlich weichet
und Teuschung reichet,
halt dich zur Linken
und laß nicht sinken
den Muth zu steuern
und anzufeuern,
der's Ruder führet,
das Schiff regieret.[44]

Die Lehrer genossen ein hohes Ansehen und ihr Unterricht wurde von den Schülern gern besucht, wie aus vielen Primärquellen immer wieder hervorgeht. Bei diesem Unterricht handelte es sich wohl um eine Art Chrashkurs, den man bei Bedarf wiederholen und auffrischen konnte. Lehrbücher im heutigen

---

44 Assmussen 1828: 42f.

Sinne gab es nur wenige. Hervorzuheben sind allerdings das weit über Holland hinaus bekannte 1660 erschienene Werk des Claas Hendriksz. Gietermaker (1621-1667) *'t Vergulde Licht der Zee-vaert, ofte Konst der Stuerluyden* sowie die 1702 von Klaas de Vries (1662-1730) herausgege-bene *Schat-Kamer ofte Konst der Stier-Lieden*, die entlang der gesamten Nordseeküste mehr als ein Jahrhundert lang die Grundlage des Navigationsunterrichts bildeten. Ihr Inhalt behandelt im Wesentlichen folgende Fragestellungen:

6. Titelseite des nautischen Lehrbu-ches *'t Vergulden Licht der Zee-vaert ofte Konst der Stuur-Lieden, Synde een Volkomen en Klaere Onderwysinge der Navigatie* mit einem Porträt seines Autors Claes Hendriksz. Gietermaker (1621-1667) in der vierten Auflage von 1684, das Vorbild für viele Lehrbücher der Folgezeit wurde und auch in den Föhrer Navigationsschulen im Umlauf war.

1. Ziehen von Quadrat-wurzeln, Berechnung des Inhalts und der Seiten von Quadran-ten und Rechtecken, Pythagoras
2. Logarithmen, ebene Trigonometrie, Tafeln der Sinus-, Tangens- und Sekansfunktionen
3. Stromaufgaben
4. Berechnung der Hochwasserzeiten in verschiedenen Städten Nordwesteuropas, Polhöhe, Berechnung der Kompass-Missweisung und Sonnenazimute
5. Vorausberechnung der Sonnenhöhe zu einer gegebenen Zeit
6. dasselbe für einen bekannten Stern
7. Berechnung eines unbekannten Sterns.[45]

De Vries' *Schat-Kamer* galt als Vorbild für zahlreiche spä-tere Lehrbücher. So schrieb der Föhrer Kommandeur Nahmen

---

45 Zitiert nach Mehl 1968: 394.

Arfsten [holland.: Nanning Adriaansz. de Jonge] (1725-1794) aus Wrixum 1743 in Anlehnung an de Vries das Lehrbuch *Schat-Kamer ofte Konst der Stuur-Lieden,* von dem auf Föhr eine zeitgenössische handschriftliche Kopie überliefert ist.[46] Eine grundlegend überarbeitete Fassung von de Vries' *Schat-Kamer* brachte ferner Arfst Nickelsen (1732-1804) aus Oldsum in Umlauf, der in seinen jüngeren Jahren Obersteuermann auf einem niederländischen Kriegsschiff gewesen war und später eine Navigationsschule in Oldsum betrieb,[47] während von Rörd Jensen (1728-1805), der zeitgleich eine Navigationsschule in Toftum unterhielt, berichtet wird, dass er nach eigenen Beobachtungen eine große Himmelskarte für seine Schüler angefertigt hatte.[48] Auch soll er einst die Aufmerksamkeit auf sich gezogen haben, als er auf dem Amsterdamer Stadthaus ein dort hängendes Gemälde mit einem astronomischen Motiv betrachtete und behauptete, der dargestellte Vorgang sei sachlich falsch. Man überprüfte seine Bemerkungen und befand, dass er Recht habe. Ein niederländischer Reeder bot ihm daraufhin die Führung eines Ostindienfahrers an, was er indes dankend ablehnte.[49]

7. Titelseite des bekannten nautischen Lehrbuches *Schat-Kamer ofte Konst der Stuur-Lieden* von Klaas de Vries (1662-1730) in der Zweitauflage von 1713

Internationales Renommee erlangte schließlich Ocke Tückis (1688-1760) aus Oevenum auf Föhr, der über viele Jahrzehnte

46 Archiv des Dr.-Carl-Häberlin-Friesen-Museums in Wyk auf Föhr, Sign. Hfc/449.
47 Clement 1846: 345f., Mehl 1968: 385.
48 Mehl 1968: 385.
49 Hansen 1877: 217 und Oesau 1937: 273.

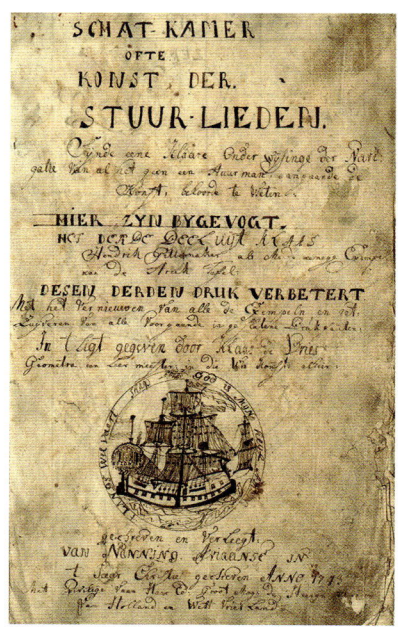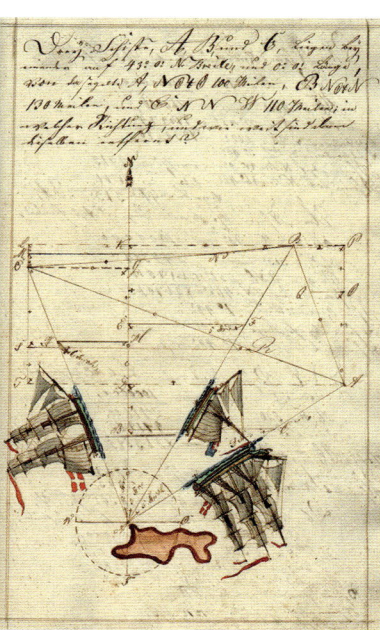

eine Navigationsschule in seinem Heimatdorf betrieb, die von
Hunderten von Föhrer Seeleuten und denen der gesamten umliegenden Region – zum Teil sogar aus dem Ausland – besucht wurde. Besondere Verdienste um die Steuermannskunde erwarb sich
Ocke Tückis mit der Herausgabe zweier Lehrbücher, von denen
das eine, das 1713 unter seinem hollandisierten Namen Ariaan
Teunisz. herausgegebene *Besteckbuch* bis 1783 in den Föhrer Navigationsschulen allgemein gebräuchlich war.[50] In Anerkennung
seiner Leistungen gewährte ihm die Stadt Amsterdam ein jährli-
ches Gehalt.[51] Der Amrumer Knudt Jungbohn Clement würdigt
diesen herausragenden Navigationslehrer in folgenden Worten:

*„Er war und blieb ein Frise, der einfachste und natürlichste Mann, den
es geben kann, und legte selbst in den feinsten und vornehmsten Cirkeln
in Amsterdam, wozu man ihn allenthalben heranzog, seine einfache*

---

50 Häberlin 1906: 7, Fußnote.
51 Jung Peters 1798: 264, Nerong 1903: 37f., Oesau 1937: 272, Zacchi 1986: 30f., Falk 1987:
98f. und Lüden 1989: 23.

eigengemachte Kleidung nicht ab, auch nicht, wenn man ihn in den
herrschaftlichen Kutschen abholte, um auf dem Stadthause vor versam-
meltem Rat von ihm zu profitiren. Die Holländer machten sich seine
Entdeckungen zu Nuze, und die Engländer auch, aber sie wollten den
Namen des zurückhaltenden und bescheidenen Frisen, der nicht viel
sprach und keinen Wind machte, lieber verdunkeln, als verherrlichen."[52]

Überhaupt kursierten die Lehrbücher selten in gedruckter
Fassung, sondern lediglich in Abschriften, die der Schüler sich
entweder selbst anlegte oder von einem Vorgänger übernahm.
Die Sprache der frühen Lehrbücher ist fast durchgehend niederländisch, denn Niederländisch ist die Sprache der damaligen
kontinentalen Seefahrt,[53] was jedoch den Unterricht auf Föhr insofern nicht behinderte, als der überwiegende Teil der inselnordfriesischen Seefahrer zweisprachig friesisch-niederländisch war;
die Schiffsoffiziere beherrschten das Niederländische in aller Regel auch schriftlich.

Verglichen mit der heutigen Zeit erscheint die Motivation der
damaligen Schüler beinahe überzogen; bedenkt man jedoch, dass
der Besuch der Schulen nicht dem bloßen Erlernen eines Berufes
diente, sondern für viele auch den einzigen Ausweg aus dem sozialen Abseits bedeutete und gleichzeitig das Überleben einer ganzen
Familie sicherte, lässt dies den außerordentlichen Ehrgeiz der Schüler in einem anderen Licht erscheinen. Auch Jens J. Eschels (1757-
1842) schreibt in seinen Memoiren, aus diesen Beweggründen in
eine Föhrer Seefahrtsschule gegangen zu sein, damit er seiner hoch
verschuldeten Mutter finanziell unter die Arme greifen konnte.[54]

Als man Anfang des 19. Jahrhunderts eine allgemeine Steuer-
mannsprüfung einführte, die meist in den großen Hafenstädten
abgehalten wurde, tat das dem Erfolg der kleinen Navigations-

---

52 Clement 1846: 344.
53 Faltings 2003: 3.
54 Eschels 2006: 20 u. 23.

schulen keinen Abbruch. Im Gegenteil, die Schüler besuchten nach wie vor die Navigationsschulen auf der Insel, um nach erfolgreicher Vorbereitung dort die Prüfung an staatlichen Seefahrtsschulen, wie z.B. in Kopenhagen oder Hamburg, abzulegen zu können. Föhrer Seeleute waren an diesen Schulen für ihre Fähigkeiten bekannt und viele sahen den Besuch der Navigationsschule auf ihrer Insel sogar als unbedingte Voraussetzung an, das Steuermannsexamen zu bestehen.

Der Niedergang der Föhrer Navigationsschulen begann, als im Juli 1864 österreichische Truppen im Zuge des Deutsch-Dänischen Krieges die Insel besetzten und Föhr nach der Annexion Schleswig-Holsteins durch Preußen im Januar 1867 unter preußische Verwaltung fiel. Privat organisierte Schulen passten offenbar nicht in das Konzept der preußischen Staatsführung, denn schon bald wurden sie untersagt und die Seeleute auf staatliche Schulen des Festlandes geschickt. Nebenbei argwöhnten die Preußen, und das wohl nicht zu Unrecht, dass die Föhrer Navigationsschulen eine Brutstätte antipreußischer Agitation seien, fühlten sich die meisten Föhringer – insbesondere in der bis dahin reichsdänischen Enklave Westerlandföhr und Amrum – dem dänischen Reich zugehörig und sahen in den Preußen eher Besatzer als Befreier. Zudem hatten die inselnordfriesischen Seeleute seit 1735 in Dänemark eine Freistellung vom Wehrdienst genossen, während Preußen 1867 für die Seefahrer einen dreijährigen Kriegsdienst einführte, welcher wiederum viele wehrfähige Insulaner zur Auswanderung in die USA bewegte. Der von Föhr stammende Ernst Ketels-Harken (1859-1949) erörtert die Problematik in seinen Lebenserinnerungen:

> *„Wie es dann kam, dass unsere jungen Leute dienstpflichtig wurden, die Föhringer waren nie militärpflichtig gewesen, wollte ein Teil ins Ausland [...]. Ein Ausfluss der Abneigung, welche die Föhringer immer dem Soldatspielen gegenüber gehabt."*[55]

---

55 Ketels-Harken 2010: 17.

Ferner sagt er:

„Ende Juni 1882 bestand ich das Steuermannsexamen und trat am 1. Juli 1882 als Einjähriger in Kiel bei der Marine ein. In diesem Jahr habe ich nicht viel gelernt, wozu wohl auch meine Abneigung gegen das Militär im Allgemeinen beigetragen hat. „Du Soldat" und „Soldier" waren für Seeleute bis dahin immer ein Schimpfwort und als eine Minderwertigkeits-Bezeichnung gebraucht worden [...]. Die Föhringer, die früher immer ihrer Deiche wegen vom Militärdienst befreit waren, mochten das „Soldatspielen" auch nicht. Mein Onkel Ernst Ketels[56] wunderte sich, wie ich nach einem Jahr am 1. Juli 1883 entlassen war, dass ich mich noch in Uniform sehen ließ. Er hatte eine Abneigung gegen die Ostsee-Preußen, nahm nur Hamburger, Schleswig-Holsteiner und Skandinavier als Mannschaft."[57]

Diese Zitate eines Zeitzeugen machen nochmals die Abneigung gegen das Militär und die preußische Obrigkeit vieler damaliger Insulaner deutlich. Zum Einen waren sie den preußischen Umgangston auf den Handelsschiffen nicht gewohnt, zum Anderen hatten sie auf den ausländischen Schiffen oft bessere Verdienstmöglichkeiten und konnten schneller in der Mannschaftshierarchie aufsteigen. Ocke Nerong bemerkt dazu ergänzend:

„Später traten noch zwei andere Gründe hinzu, durch welche die hiesigen Seeleute veranlaßt wurden, sich von der Seefahrt abzuwenden und nach Amerika auszuwandern. Erstens war dies die Militärpflicht, die den Föhrern durch die Einverleibung Schleswig-Holsteins in Preußen auferlegt wurde, dann aber auch ganz besonders durch die neuen Bestimmungen über die Prüfung der Seeleute, nach welchen nämlich diese nicht mehr wie früher sich nur einer einmaligen, sondern einer zweimaligen Prüfung, der Steuermanns- und der Schifferprüfung, zu unterwerfen hatten. Auch noch in anderer Beziehung wurde dem Seefahrer das Fortkommen erschwert, indem er ebenfalls seit 1870 nicht

---

56 Kapitän Ernst Johann Ketels (1842-1889) aus Süderende auf Föhr fuhr auf verschiedenen Seglern von Hamburg nach Ostasien.
57 Ketels-Harken 2010: 97f.

mehr wie früher in einer beliebigen Schule und an einem beliebigen Orte sich die erforderlichen Kenntnisse erwerben konnte, sondern gezwungen wurde, eine bestimmte Zeit eine staatliche Navigationsschule zu besuchen."[58]

Auch Christian Jensen äußert sich ganz ähnlich:

„Seit dem Jahre 1870, in welchem in Altona, Flensburg und Apenrade Staats-Navigationsschulen errichtet und die bis dahin bestehenden Privat-Navigationsschulen in Schleswig-Holstein, also auch die auf Föhr und Sylt, aufgehoben wurden, hat sich unter den Inselfriesen eine bedeutende Abnahme der seemännischen Bevölkerung bemerkbar gemacht. Nicht nur die Schiffsreeder, welche früher gern und vorzüglich diesen an der See groß gewordenen Männern ihre Schiffe anvertrauten, beklagen diese Erscheinung, sondern auch der deutschen Kriegsmarine sind in den letzten Jahren vor 1914 verhältnismäßig wenige nordfriesische Insulaner zugeführt."[59]

10. Der letzte Föhrer Navigationslehrer Ocke Hinrich Volkerts (1829-1901), der bis 1870 in seinem Haus in Oevenum Nr. 12, heute Dörpstrat 93, sehr erfolgreich eine vielbesuchte private Seefahrtsschule unterhielt.

So hat etwa die Oevenumer Navigationsschule von 1810-1870 über 1.000 Seefahrer ausgebildet. Im letzten Jahr ihres Bestehens, 1869, unterrichtete ihr Lehrer Ocke Hinrich Volkerts (1829-1901)[60] noch 40 Schüler. Wenn man die acht Schüler der Oldsumer Schule dazurechnet, besuchten 1869 annähernd 50 Schüler auf Föhr eine private Seefahrtsschule. Nach der Einstellung der Föhrer Navigationsschulen legten dagegen zwischen 1870 und 1876 nur noch 17 Föhrer ein Steuermannsexamen ab. Diesen auffälligen, insbesondere nach 1870 einsetzenden Abwärtstrend verdeutlicht noch einmal folgende Tabelle mit den prozentualen Anteilen der Seefahrer an den männlichen Konfirmandenjahrgängen:[61]

---

58 Nerong 1903: 70f.
59 Jensen 1927: 200.
60 Vgl. den Nekrolog in den *Föhrer Nachrichten* vom 13.12.1901.
61 Häberlin 1906: 3f.

Konfirmandenjahrgänge:	Seefahrende in %:
1840-1849	69,2%
1850-1859	66%
1860-1869	48,9%
1870-1876	16,7%
1900-1906	12,5%

Im gleichen Zeitraum nahm die Auswanderung in die USA rapide zu. Befanden sich unter den 340 Konfirmanden von 1840-1849 noch 235 angehende Seefahrer (69,2%) und nur acht Auswanderer (2,35%), verkehrte sich das Bild in den wenigen Jahren zwischen 1870-1876 beinahe ins Gegenteil: Von den 347 männlichen Konfirmanden fuhren nur noch 16,7% zur See und 39,5% wanderten aus. Seit Beginn der preußischen Ära sind etwa zwischen 1865-1890 wohl über 60% der Konfirmandenjahrgänge ausgewandert, vorzugsweise nach New York und Kalifornien. Noch zwischen 1900 und 1905 emigrierten von 330 männlichen Konfirmanden 32,5%, die meisten davon nach New York.[62] Die Gründe dieser Entwicklung liegen auf der Hand: Neben den obenbeschriebenen Antipathien gegen die Preußen und alles Preußische, vor allem der tiefsitzenden Abscheu gegen den preußischen Militarismus und den damit verbundenen dreijährigen Kriegsdienst, sowie den Lockungen und Verlockungen der Neuen Welt, wo sich mittlerweile in New York und Kalifornien regelrechte föhrerfriesische Brückenköpfe gebildet hatten, muss in erster Linie die Schließung der privaten Navigationsschulen durch die preußische Regierung für den rasanten Niedergang der Föhrer Seefahrt nach 1870 verantwortlich gemacht werden. Hinzu kam, dass das Schulgeld von 1.000 Mark für den neunmonatigen Besuch einer staatlichen Seefahrtsschule von den meisten Föhrer Eltern nicht aufgebracht werden konnte.[63]

---

62 Häberlin 1906: 8ff. und Jensen 1927: 65f.
63 Häberlin 1906: 6.

Als die preußische Regierung schließlich ihren Fehler einsah, versuchte man 1886 mit der Errichtung einer „Staatsnavigations-Vorschule" in Wyk auf Föhr gegenzusteuern,[64] wollte man doch nicht auf diese wichtige Mannschaftsressource für die eigene Flotte verzichten. Die Bemühungen dieser Schule blieben jedoch erfolglos, und der Betrieb wurde bereits 1887 nach wenigen Monaten Laufzeit wieder eingestellt, denn es hatten sich gerade einmal vier Schüler angemeldet.[65] Spätere Vorstöße von insularer Seite, die Tradition der Föhrer Seefahrtsschulen wieder aufleben zu lassen, fanden behördlicherseits kein Gehör.[66] Damit schied „ein bedeutender Zweig selbstgeschaffener Kultur aus dem Volksleben der Nordfriesen aus"[67] – und zwar für immer.

2.3. Beeinflussung der inselnordfriesischen Kultur und Sprache

Im 17. und 18. Jahrhundert waren die Niederlande eine dominante, erfolgreiche Handelsmacht und sie besaßen infolgedessen eine der größten Handelsflotten der damaligen Zeit. Wie bereits in den vorigen Kapiteln erwähnt, begannen die Föhrer Seeleute zunächst unter holländischer Flagge auf Walfang zu gehen und stellten dort über Jahrzehnte hinweg eine der wichtigsten Mannschaftsressourcen für den niederländischen Walfang.[68] Erst gegen Ende des 18. Jahrhunderts nahm die Bedeutung Föhrs als Einzugsgebiet für die niederländische Walfangfahrt aus mehreren Gründen, auf die später noch eingegangen wird, allmählich ab.

Holland galt zu dieser Zeit unter den Seeleuten als das „gelobte Land", denn aus der Perspektive der bis dato einfach lebenden Insulaner, die das kleinbäuerliche Dorfleben gewohnt waren, wirkte Holland und gerade die Metropole Amsterdam wie ein

---

64 Vgl. den Bericht im *Insel-Boten* vom 21.11.1885.
65 Nerong 1903: 71, Häberlin 1906: 9 und Faltings 2003: 5.
66 Häberlin 1906: 12f. und 14.
67 Tedsen 1939: 117.
68 Dekker 1978: 113ff.

Ort des Wohlstandes und der materiellen Überlegenheit. Daher ist es nicht verwunderlich, dass die Föhrer Seeleute versuchten die holländische Lebensart auf ihrer Insel nachzuahmen. Es galt als modern, den in der Seefahrt erlangten Wohlstand mit holländischen Accessoires zur Schau zu stellen.

Ein immer noch sichtbares Beispiel dafür sind die blaugefliesten Wände des friesischen Pesels (gute Stube) und anderer Repräsen-

tationsräume. Niederländische Fliesen aus den westfriesischen Manufakturen in Harlingen und Makkum gelangten ab dem 17. Jahrhundert bis weit nach 1900 in großem Stil auf die Nordfriesischen Inseln, meist auf den nordfriesischen Schmackschiffen, die zuvor die inselnordfriesischen Mannschaften nach Amsterdam gesegelt hatten und nun auf der Rückreise eine größere Partie Fliesen als Ballast an Bord nahmen. Häufig war es die Frau des Schmackschiffers, die mit den mitgebrachten Fliesen einen regen Handel betrieb.[69] Zudem war es üblich, dass in der guten Stube des Kommandeurs die Kachelwand ein Fliesentableau mit dem Motiv eines Walfängers zierte, in der Regel eines der Schiffe darstellend, das er selbst befehligte bzw. befehligt hatte.[70] Weitere aus Holland importierte Einrichtungsgegenstände wie Möbel, Standuhren und Kupfergerätschaften unterstrichen das holländische Wohnambiente der friesischen Häuser. Der Reiseschriftsteller J.G. Kohl schreibt dazu 1846:

11. Fliesentableau aus Harlingen, 1754, darstellend das Amsterdamer Bootschiff *De Gouden Leeuw*, Kommandeur Rörd Jacobs [holland.: Rieuwert Jacobsz.] (1719-1809) aus Oevenum auf Föhr, der das Schiff von 1750-1761 führte.

---

69 Vgl. Lüden 1978: 9f., Schlichting 1985: 52 und Quedens 1988: 16f.
70 Vgl. Pluis 1970: 9ff. und Dekker 1973: 133ff.

„Ihre Küchen glitzern ganz wie die holländischen Küchen von einer Menge blankgeputzten Hausgeräths, messinger Kessel und Schüsseln [...]. Die Wände der Zimmer bestehen fast immer entweder aus überglas'ten Fliesen oder aus Holz, das mit blanker Oelfarbe überzogen wurde. Prädominirend ist dabei die himmelblaue Farbe, die wahrscheinlich aus Holland herübergekommen ist."[71]

Auch die sogenannten Vogelkojen sind ein Beispiel für niederländische Lebensart. Diese zum Fang von Wildenten konstruierten Anlagen sind zum Teil heute noch auf der Insel Föhr fängisch. Die Technik und die damit verbundenen Fangmethoden, aber auch die friesische Terminologie des Entenfangs entsprechen völlig denen ihres Herkunftslandes Holland. Nirgendwo außerhalb der Niederlande begegnen so viele Vogelkojen wie

12. Banderole einer Konservendose aus Heinrich N. Boysens *Wildentenconservenfabrik.*

auf den Nordfriesischen Inseln, davon allein sechs auf der Insel Föhr. Diese genossenschaftlich betriebenen Vogelkojen der Insel Föhr – die älteste von 1735, die jüngste von 1876 – dienten ursprünglich wohl hauptsächlich dem Zeitvertreib der Kommandeure und Schiffsoffiziere während ihres Heimataufenthaltes in den Herbst- und Wintermonaten; später erlangten die Vogelkojen für die Inseln keine geringe wirtschaftliche Bedeutung. So hat etwa die Alte Oevenumer Koje von 1735 im Verlaufe ihres

---

71 Kohl 1846: 1,66.

13. Heinrich N. Boysens *Wildenten-conservenfabrik* in der Carl-Häberlin-Straße 20 in Wyk auf Föhr, in der zwischen 1885-1931 Wildenten zu Konserven verarbeitet wurden, vor 1900.

Bestehens mehr als 3.000 000 Wildenten gefangen,[72] und in Wyk auf Föhr wurde 1885 für die Verarbeitung der Fänge eigens eine *Wildentenconservenfabrik* gegründet, die ihre Konserven als „Delicatessen" weltweit verhandelte.[73]

Auffällig ist ferner der starke holländische Einfluß auf die in-selnordfriesischen Rufnamen, der sich bis in die Gegenwart hi-nein bemerkbar macht. Personen mit dem ursprünglich hollän-dischen Rufnamen *Cornelis*, *Riewert* oder *Roluf* begegnen auch heute noch auf Föhr zahlreich. Anfänglich scheinen die insel-nordfriesischen Schiffsoffiziere und Mannschaften lediglich auf den holländischen Schiffen unter einem niederländischen, verein-zelt auch westfriesischen Namen gesegelt zu sein, während sie in der Heimat ihren angestammten Namen zunächst beibehielten. Später ist der bodenständige Name auch hier dem niederländi-schen gewichen, und zwar ganz offiziell. Vermutlich klangen

---

72 Zu den Föhrer Vogelkojen vgl. insbesondere die Dissertation von Volquardsen 1933; vgl. ferner Hilty 1978.

73 Vgl. Hilty 1978: 16, Knauer 1981 und Kollbaum-Weber 2007: 30f.

die holländischen Namen einfach mondäner und entsprachen damit dem damaligen Zeitgeschmack. So lässt etwa *Brar Rörden* (1773-1854) aus Oldsum auf Föhr seinen Namen durch einen Kirchenbucheintrag vom 22. Dez. 1814 amtlich in *Broder Riewerts* ändern:

> „*Unter dem heutigen Dato den 22. Decbr. Ao 1814 erschien für dem Protokoll: Brar Rörden aus Oldsum, der Ao 1773 den 3ten Octbr. geboren und getauft worden und bewiss, durch seinen vorgezeigten Bürgerbrief datirt Kopenhagen den 13. Aprill 1803 dass er den Namen Broder Riewerts ausserhalb Landes führe. Bekanntlich ist er dieselbe Person, die unter dem Namen Brar Rörden angeführt ist. Da benamter Broder Riewerts wegen seiner ausländischen Verhältnisse seinen Namen nicht wohl ändern kann, so wird er nach seiner dargelegten Erklärung hinführo nicht den Namen Brar Rörden sondern ausschliessungsweise nur den Namen Broder Riewerts führen.*"[74]

Auch der aus Süderende auf Föhr stammende Kapitän und spätere Kaufmann *Erk Jung Olufs* (1753-1834) nennt sich später aus ganz ähnlichen Gründen *Diedrich Roeloffs*, und der bekannte Grönlandkommandeur Tücke Olufs (1695-1757) aus Wrixum auf Föhr benennt seinen 1742 geborenen Sohn *Simon* nach seinem mittlerweile verstorbenen niederländischen Reeder *Simon Claesz Groot* aus Zaandam, und als *Simon Tückis* (1742-1792) selbst als Kommandeur unter der Flagge besagter Reederei segelte, hollandisierte er seinen Namen in Andenken an den verstorbenen Prinzipal in *Simon Teunis Groot*.[75] Simon Tückis hat seinen zunächst nur in ausländischen Diensten geführten Beinamen *Groot* nachher auf seine Kinder und deren Nachkommen vererbt. Während hier möglicherweise Rang und Status als Kapitän sowie geschäftliche und familiär-private Gründe eine Rolle bei der Hollandisierung des Namens gespielt haben mögen, nennt Jens Jacob Eschels (1757-1842) aus Nieblum auf Föhr in seinen Lebenserinnerungen

---

74 Zitiert nach Riewerts/Roeloffs 1996: 30.
75 Lüden 1995: 10ff.

von 1835 noch einen weiteren Grund, und der hat offenbar mit Diskriminierung zu tun:

> *„Da ich aber ans Seefahren von Holland aus kam, mußte auch ich, so wie alle Föhringer seinerzeit, einen holländischen Namen haben, denn unsere Föhringer Namen klangen den Holländern nicht gut, und sie spotteten darüber, also hieß ich auf holländisch Jan Jacobs, und ich habe mich dieses Namens bis 1782 beim Seefahren bedient."*[76]

Nach den 1795 auf Westerlandföhr ausgestellten Seefahrerpässen waren folgende Hollandisierungen bei den Namensänderungen üblich:[77]

Arfst	>	A(d)rian	Matz	>	Matthies
Erk	>	Dirk	Nahmen	>	Nanning
Früd	>	Frederik	Nickels	>	Corneli(u)s
Girre	>	Gerret	Ocke	>	A(d)rian
Hark	>	Hendrik	Oluf	>	Roluf
Hay	>	Hendrik	Rörd	>	Riewert
Jap	>	Jacob	Sönk	>	Simon
Jens	>	Jan	Tay	>	Teunis
Ketel	>	Corneli(u)s	Tücke	>	Teunis
Knut	>	Klaas	Wögen	>	Willem usw.

In ähnlicher Weise hat das Inselnordfriesische einen beachtlichen niederländischen Lehnwortschatz aufzuweisen.[78] Auf keine andere Sprache außerhalb des niederländischen Staatsgebietes hat das Holländische – wenn wir einmal von dem Sonderfall des Afrikaans in Südafrika absehen – so stark eingewirkt als auf die inselnordfriesischen Mundarten von Föhr, Amrum und Sylt, und zwar nicht nur im Bereich der inselnordfriesischen Seefahrtster-

---

76 Eschels 2006: 18; allerdings bleibt Eschels später nicht bei seinem holländischen Namen, sondern kehrt dauerhaft zu seinem angestammten Föhrer Namen *Jens Jacob Eschels* zurück.

77 Dekker 1971: 290f., Faltings 1985: 26f. und Voigt 1987: 72ff.

78 Vgl. Århammar 1969: 21 und Århammar 2001: 332ff.

minolige, sondern auch auf allen anderen Ebenen der friesischen Alltagssprache, insbesondere der Redewendungen und Sprichwörter, wie folgende kleine Auswahl an Sprachbeispielen verdeutlichen mag:

friesisch	niederländisch
al of ei 'ja oder nein'	*al of niet*
baantje 'Posten, Stellung'	*baantje*
bak 'hölzerne Schüssel'	*bak*
bekuf 'erschöpft'	*bekaf*
drop 'Lakritz'	*drop*
eerdaapel 'Kartoffel'	*aardappel*
faandaan 'her'	*vandaan*
ferklap 'verpetzen'	*verklappen*
fermaak 'Vergnügen'	*vermaak*
kofe 'Kaffee'	*koffie*
pokluad 'Bleistift'	*potlood*
pookdulig 'pockennarbig'	*pokdalig*
skraal 'mager'	*schraal*
skup 'mit dem Fuß treten'	*schoppen*
det spiit mi 'das tut mir leid'	*dat spijt mij*
werk 'Arbeit'	*werk*

2.4. Auswirkungen auf das insulare Handwerk und Gewerbe

Obwohl die Nordfriesischen Inseln, besonders die Insel Föhr, zu einer wichtigen Rekrutierungsbasis für den internationalen Walfang avancierten, blieben andere Wirtschaftszweige, wie z.B. die Verarbeitung des Fangs oder die Herstellung von Ausrüstung für die Insel bis auf wenige Ausnahmen relativ bedeutungslos. Das mag auf den ersten Blick erstaunen, kann aber damit zusammenhängen, dass so viele Arbeitskräfte über das gesamte Sommerhalbjahr direkt mit dem Fang in den arktischen Gewässern beschäftigt waren und darüber hinaus die Verdienstmöglichkeiten im Walfang gegenüber dem regionalen Handwerk deutlich höher lagen (vgl. Kap. 4.4.).

Dennoch gab es bereits seit Beginn des 18. Jahrhunderts Bestrebungen, Wyk auf Föhr als Heimathafen für Grönlandfahrer zu etablieren und bei erfolgreicher Rückkehr die Weiterverarbeitung des erbeuteten Trans, der Walbarten und Felle vor Ort zu betreiben. Die Errichtung etwa einer eigenen Tranmanufaktur hätte die ökonomische Entwicklung auf der Insel im 18. Jahrhundert und insbesondere nach den für die Seefahrt so verheerenden Auswirkungen der Napoleonischen Kontinentalsperre von 1806-1814 ganz gewiss günstig beeinflusst. Bereits 1702 wurden in Wyk zwei Schiffe auf Walfang ausgerüstet. Eines ging im Eis verloren, während das andere von einem französischen Kaperschiff aufgebracht worden sein soll. Einer zeitgenössischen Quelle von 1771 gemäß sollen in den Folgejahren 1703 und 1706 weitere Schiffe von Wyk aus nach Grönland gesandt worden sein.[79]

Die nötige Infrastruktur für die Ausrüstung der Schiffe, Lagerung und Verarbeitung des Trans und anderer grönländischer Waren war zumindest in der Anfangszeit des Wyker Walfangs vorhanden. Eine Karte von 1711 verzeichnet am damaligen südöstlichen Ortsrand von Wyk – etwa auf Höhe des heutigen Hamburger Kinderheimes am Sandwall – eine „alte tran brennerey" und ein „Grönländisches Packhaus".[80] Beides scheint in der Folgezeit bald wieder verschwunden zu sein. Damit war der Ver-

14. Schachtel aus Fischbein des von Amrum gebürtigen Kommandeurs Jacob Flor (1633-1672) aus Oldsum auf Föhr, Schwager des Matz Peters oder „Glücklichen Matthies" (Nerong 1887: 10f., Quedens 2002: 23ff.), 1661. Den Deckel ziert eine bemalte Kerbschnitzerei, die Fischbeinwandung eine Ritzzeichnung mit einer Kirche und einem weiteren Gebäude; die Inschrift auf der Fischbeinwandung des Deckels lautet: „Jacob Floer 1661".

---

79 [Jung Peters] 1827: 661 und Hansen 2009: 6.

80 *Grund Riss von dem Dorffe oder Flecken Wick Auff osterlandt Föhre. Nebst 2 Projekten wie daselbst einen Sicheren Hafen am besten anzulegen. Ao: 1711*; Kongelige Bibliotek København, Kort- og Billedafdeling, mindre Lokaliteter H-Ø, Sign. 1909.469; vgl. Kahlfuß 1969: 222; auch ein bei Häberlin 1906a: 12 (Anhang) wiedergegebenes Schriftstück von 1705 erwähnt das obengenannte „Grönländische Packhaus".

15. Ritzzeichnung auf der Barte eines Grönlandwals, 1842, darstellend das Flensburger Fregattschiff *St. Croix*, auf dem Kommandeur Oluf Nahmen Pauls (1815-1852) aus Borgsum auf Föhr Pottwalfang im Südmeer betrieb.

such, auch auf Föhr eine eigene Tranmanufaktur aufzubauen, im Ansatz gescheitert.

In den Jahrzehnten danach gab es immer wieder Bemühungen, Schiffe von Föhr aus auf Walfang zu schicken, die jedoch allesamt in der Planung stecken blieben. Motor dieser Bestrebungen war im Wesentlichen das königliche Oktroi vom 12. Januar 1746, in dem Christian VI. (1699-1746) einer hauptsächlich auf Föhr und Sylt ansässigen Interessentenschaft die Gründung einer „Grönländischen Compagnie" mit Sitz in Wyk auf Föhr bewilligte und das von seinem Nachfolger Frederik V. (1723-1766) noch einmal am 28. Nov. 1746 bestätigt wurde.[81] Als Wortführer auf Sylter Seite traten vor allem der dortige Landvogt Matthias Matthiessen (1715-1788) und der erfolgreiche Grönlandkommandeur Lorens Petersen de Haan (1668-1747) aus Rantum auf Sylt auf, der später in Westerland wohnte und zwischen 1693 und 1735 verschiedene Hamburger Walfangschiffe befehligte.[82] Doch trotz der königli-

---

81 Landesarchiv Schleswig-Holstein, Abt. 161 Nr. 315; vgl. ferner Häberlin 1906a: 22f. (Anhang) und Hansen 2009: 6.
82 Münzing 1978: 37.

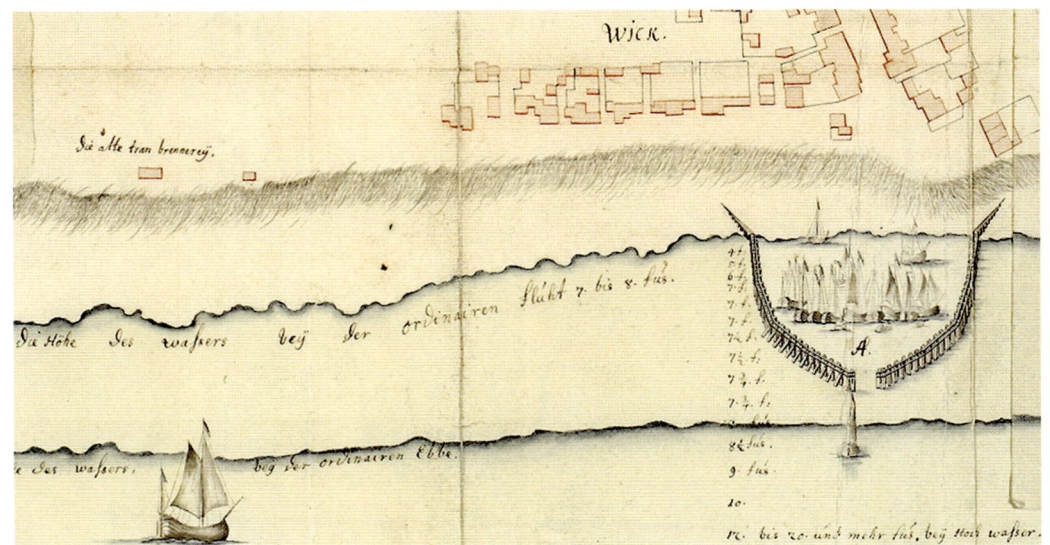

Text within the illustration:
WICK.
Jä alte tran brennerey.
Jä Höhe des wasers bej der ordinairen Fluht 7 bis 8 fus.
Jä des wasers, bej der ordinairen Ebbe.
A

chen Protektion und der damit verbundenen Privilegien zog sich das Unternehmen ergebnislos hin, unter anderem auch deshalb, weil es den Bewohnern und Repräsentanten des Fleckens Wyk nicht gelang, eine ganz zentrale Bedingung des genannten Oktroi zu erfüllen, nämlich den daniederliegenden Wyker Hafen in Stand zu setzen und für die Aufnahme größerer, seegängiger Walfangschiffe herzurichten. Als 1761 endlich mit dem Bau eines neuen Hafens begonnen wurde, monierte insbesondere der Rat der Osterharde Föhr, dass auch dieser Hafen entgegen den Bestimmungen des Oktroi für größere Segelschiffe ungeeignet sei.[83]

Am 25. Januar 1768 ergriff der damalige Landvogt von Osterlandföhr und Birkvogt von Westerlandföhr und Amrum Peter Matthiessen (1720-1812),[84] der sich für das Zustandekommen der „Grönländischen Compagnie" immer wieder eingesetzt hatte, zusammen mit seinem Bruder, dem Sylter Landvogt Matthies

16. Lage der „alten tran brennerey" am südlichen Wyker Sandwall im gebührenden Abstand vom Ortskern (wegen der Geruchsbelästigung), unmittelbar rechts davon vermutlich „das Grönländische Packhaus"; Auszug aus dem *Grund Riss von dem Dorffe oder Flecken Wick Auff osterlandt Föhre*, 1711.

83 Nerong 1903: 184f.
84 Vgl. Petersen 1825 und *Biographisches Lexikon für Schleswig-Holstein und Lübeck*, Bd. 9, 1991: 227f.

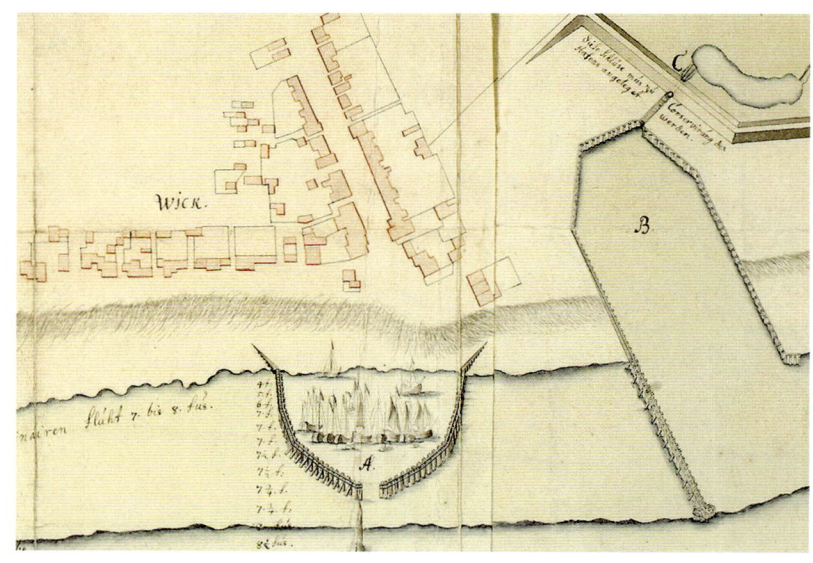

17. Erste Pläne zum Bau eines Wyker Hafens aus dem Jahre 1711; links der Planungsvorschlag A mit einer preisgünstigeren Lösung: *„In den Hafen A. Können die Schiffe mit der Ordinairen Fluht auf 7 bis 8 Fus wasser hinein gehen. Liegen aber bey Ebbe zeit auf Truckenen Sande. und dürfte Selbiger Hafen, mit Holtz, Eysengut und Arbeitsl: im Stande zu bringen Kommen auf 3700 rthl.“*, rechts die sehr viel kostspieligere Variante B: *„In den Hafen B. können die Schiffe Schiffe vermuthl: viel Sicher sein. weil Sie daselbst von allen winden befreiet liegen. Es mus aber der Sandt alda auf einige Fus Tief aus gebracht werden. damit die Schiffe bey der ordinairen Fluht hinein siegeln können. und were So dan dieser Hafen vermittelst die Schlüse C. zu Spühlen, und Solcher gestalt im Stande zu Halten. welche Arbeit Sich in allen betragen dürffte auf 7200 rthl.“*; Lösung B kam dann schließlich zur Ausführung, doch wurde der Hafen bereits 1717 durch eine Sturmflut weitgehend zerstört und war 1745 so zugeschlickt, dass er für einen geregelten Schiffsverkehr nicht mehr taugte; Auszug aus dem *Grund Riss von dem Dorffe oder Flecken Wick Auff osterlandt Föhre*, 1711.

Matthiessen (1715-1788), erneut die Initiative und unterbreitete dem „General Öconomie- und Commerzcollegium" in Kopenhagen den Alternativvorschlag, den Sitz der Kompanie zwar in Wyk auf Föhr zu belassen, den erforderlichen Hafen indes bei Steenodde auf Amrum einzurichten, der jedoch nach eingehender Prüfung verworfen wurde. Die veranschlagten 40.000 Speciestaler waren dem Commerzkollegium zu hoch. Mit unverhohlenem Ärger bringt Peter Matthiessen seine Kritik an dieser für ihn kurzsichtigen Entscheidung in einer Replik vom 8. September 1768 zum Ausdruck: Da es entlang der gesamten dänischen Westküste zwischen Skagen und der Elbmündung keinen einzigen Seehafen gebe, sei es umso bedauerlicher, dass die zuständige Behörde dieses für die Hebung des dänischen Walfangs so ungemein wichtige Projekt an gerade einmal 40.000 Speciestalern scheitern lasse und stattdessen „lieber die Schande auf sich nimmt, daß ihre Seefahrer Sklaven fremder Völker bleiben".[85] Allerdings gab Matthiessen auch der von Vorurteilen gelenkten Zögerlichkeit und Halbherzigkeit vieler seiner Föhrer Landsleute – in die

---

85 Rigsarkivet København, Commerzkollegium Nr. 3230; vgl. ferner Quedens 2002: 13f.

44

vor allem auf Osterlandföhrer Seite noch eine gehörige Portion Ressentiment gegen die Bewohner des Fleckens Wyk hineinspielte[86] – eine gewisse Mitschuld an dem Scheitern des Projekts. Enttäuscht berichtet er am 2. März 1769 an den damaligen Amtmann in Tondern, Ulrich Adolf Graf von Holstein (1731-1789):

> *„Gleich nach der Rückkunft der Seefahrenden im abgewichenen Herbst habe ich angefangen und den gantzen Winter hindurch fort gefahren, ihnen diese Unternehmung einzureden, und verschiedene derselben sehen auch gar wohl die Vortheile ein, die daraus entstehen würden. So wie aber bey allen Entreprisen, woran die Vorfahren nicht gedacht, man gemeiniglich Schwierigkeiten hervor zu suchen pfleget, so habe ich, wie fasslich auch der Nutzen ist, doch verspühren müßen, daß dieses Vorurtheil meinen Landes Leuten anklebet und eine gewisse Trägheit veruhrsacht, woraus bloße Vorstellungen sie zu ziehen, wohl so bald nicht vermögend seyn werden.“*[87]

Das hinderte den rührigen und ehrgeizigen Wyker Krämer und Gerichtsvogt Boye Lobsen (1707-1777) – als den eigentlichen Promotor des Hafenausbaus – nicht, in einem an die Deutsche Kanzlei in Kopenhagen gerichteten Schreiben vom 20. August 1771 noch einmal auf die Vorzüge des Wyker Hafens für eine Föhrer Walfischerei hinzuweisen:

> *„1763 ward der Anfang gemacht, den vorigen Wycker Haven zu repariren: welcher denn auch so gut geworden, daß die Schiffe: ja Grönländische: darin so gut bedienet werden können, als in Holland und Hamburg. Zur Traan Brennerey und Pack-Raum, ist ein Platz dabey, welcher so gut nicht in Amsterdam und Hamburg anzutreffen. Es ist zur West See die Ausfarth viel kürtzer von Föhr als von Amsterdam und Hamburg, in dem von Amsterdam 18 Meilen und von Hamburg 17 Meilen zu avanciren, ehe die Schiffe in die See gelangen, hingegen*

---

86 Seit der Loslösung Wyks von der Osterharde Föhr im Jahre 1706 lag der Flecken Wyk in einer latent schwelenden Fehde mit der Osterharde; vgl. etwa Häberlin 1906a: 59ff. und 101ff. (Anhang), ferner Nerong 1903: 181ff.

87 Landesarchiv Schleswig-Holstein, Abt. 161 Nr. 203; vgl. auch Hansen 2009: 7.

18. Tranbrennerei um 1750; zeitgenössische Darstellung aus einem Kupferstich von ca. 1750, abgebildet im *Natur- und Kunstatlas*, den die Homännischen Erben 1760 in Nürnberg herausgegeben haben.

Beschreibung der TRANBRENNEREY.

Wan der Walfisch-Speck in denen Quarteln zur Tranbrenerey gebracht worden, so werden die in Grönland in Fincken zerschnittene Speck-stucke (a) in die Kupferne Pfane (b) gethan, u. unterm Kochen gerührt (c) biß man nach 3 stündiger Kochg. das Fett mit Löffeln schöpfen kan, welches über den Canal in den mit einem Rost versehenen Trog (d) von dar in 2 andere mit Waßer angefüllte Tröge laufet u. verkühlet; aus den letzern feßet es der Küffner in die Tonen. (e) Ein Walfisch liefert 45-50 solche Quartelen Tran.

von Föhr nach See 3 Meilen, nicht zu gedenken, wie viel Hinderniße der Frost in dem frischen Waßer veruhrsachen könne, wie solches die Exempel des verwichenen Früh-Jahres bestätigen, indem die Flensburger und Schleswiger Robben-Schläger ihre Reisen nicht nach Begehren fortsetzen können."[88]

Die Vorteile eines eigenen Ausganghafens für die insulare Seefahrt – und damit verbunden für das örtliche Gewerbe – waren in der Tat nicht von der Hand zu weisen und den Inselfriesen selbst durchaus bewusst. Der Wyker Kapitän Johannes Martens (1803-1846) erörtert diese noch einmal im *Itzehoer Wochenblatt* vom 12. Juni 1845:

---

88 Landesarchiv Schleswig-Holstein, Abt. 161 Nr. 202; vgl. auch Hansen 2009: 6f.

46

„Die Insel Föhr ist ihrer Lage nach, sowie ihres guten Hafens und ihrer tüchtigen Seeleute wegen, welche Föhr von je her unter seinen Bewohnern zählte, zur Betreibung der Schiffahrt in größerer Ausdehnung, als solche jetzt geschieht, sehr geeignet. Hauptsächlich möchte diese Insel zur Ausrüstung von Grönlandsfahrern Vieles vor andern Oertern, von denen jetzt diese Fahrt betrieben wird, voraus haben, namentlich:

Erstens würde man in Hinsicht der Bemannung unter unsern Seeleuten die Auswahl haben, indem sich annehmen läßt, daß dieselben es vorziehen würden, von hier zu fahren, weil sie ohne Reisekosten und sonstige Unannehmlichkeiten an Bord treten und nach beendigter Fahrt ebenso wieder in ihre Heimath gelangen könnten, während sie, wenn sie von andern Häfen fahren, erst eine mit Kosten und Mühseligkeiten verknüpfte Reise machen müssen, bevor sie an Bord kommen, *und nach vollbrachter Fahrt dieselben Kosten und Mühseligkeiten noch einmal getragen werden müssen, um nach Hause zu gelangen.*

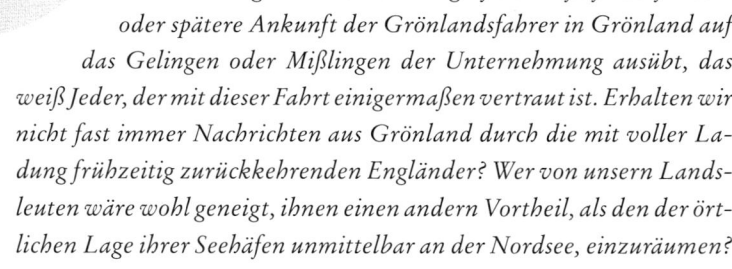

Zweitens ist noch um Vieles wichtiger: die Lage unserer Insel. Während z.B. die Flensburger, Eckernförder, Aarhuser, Hamburger und Bremer Grönlandsfahrer in ihren Häfen noch fest im Eise liegen, könnte von hier aus die Fahrt, ohne daß das Eis ein Hinderniß wäre, unternommen werden: dazu kommt auch noch, daß namentlich die Schiffe der drei erstgenannten Häfen erst eine zwei- bis dreiwöchige Reise machen müssen, ehe sie die Nordsee erreichen. Abgesehen davon, daß in diesem Jahre der Winter überall die Schiffahrt sehr lange gehemmt hat, hätte man von hier aus Mitte Februar die Fahrt nach Grönland schon antreten können, ohne daß das Eis ein Hinderniß gewesen wäre, während dies von obigen Häfen unmöglich war. Gewiß würde, wenn man früher Vergleichungen angestellt hätte, dasselbe Resultat sich ergeben haben. Wie großen Einfluß die frühere oder spätere Ankunft der Grönlandsfahrer in Grönland auf das Gelingen oder Mißlingen der Unternehmung ausübt, das weiß Jeder, der mit dieser Fahrt einigermaßen vertraut ist. Erhalten wir nicht fast immer Nachrichten aus Grönland durch die mit voller Ladung frühzeitig zurückkehrenden Engländer? Wer von unsern Landsleuten wäre wohl geneigt, ihnen einen andern Vortheil, als den der örtlichen Lage ihrer Seehäfen unmittelbar an der Nordsee, einzuräumen?

19. Kapitän Johannes Martens (1803-1846) aus Wyk/Föhr.

Die Verprovianticrung könnte gewiß von hier aus, wenn nicht billiger, doch gewiß ebenso billig, als anderwärts, beschafft werden, und was das Capital betrifft, welches zu einer solchen Unternehmung erforderlich wäre, so würde man mit Recht erwarten dürfen, daß solches auf Actien, à circa 100 Rthlr, welche, um den weniger Bemittelten die Theilnahme möglich zu machen, allenfalls in Viertelactien getheilt werden könnten, hier auf Föhr sich ohne Schwierigkeit finden würde, wenn nämlich die Leitung der Unternehmung Männern anvertraut würde, welche das volle Zutrauen ihrer Mitbürger genießen. Es müßten sich einige patriotische Männer, etwa einer aus Wyck und einer aus je zwei Dörfern, für diese Sache thätlich interessiren, müßten einen Ausschuß bilden, welcher die Actienzeichnung leitete und demnächst an der Administration Theil nähme.

Dem Obengesagten nach würde dem wahrscheinlichen Gelingen einer solchen für unsere Insel gewiß wichtigen Unternehmung nichts im Wege stehen, und es könnte dieselbe Veranlassung werden, unserer Seefahrt, die früher in Hinsicht der Zahl der Seefahrer so bedeutend, in der letzten Zeit aber zum Nachtheil der Insel abgenommen hat, wieder emporzuhelfen.

20. Der Werftbesitzer und schwedische Konsul Nommen Friedrich Nommensen (1799-1852) aus Wyk auf Föhr; Miniatur-Porträt von Hans Peter Feddersen d. Ä., 1828, in Privatbesitz.

Auf denn, Ihr Männer, denen das Wohl unserer Insel am Herzen liegt, bringt zum Besten des Allgemeinen ein Opfer, wagt einige Thaler daran, befördert durch Eure Kenntnisse und Euren Rath das Emporkommen der Seefahrt, auf welche wir durch die Lage unserer Insel von der Vorsehung angewiesen sind. Angefaßt, und es wird gelingen!

Wyck auf Föhr, im Juni 1845
J. Martens" [89]

Doch erst 1846 wurde durch den Wyker Werftbesitzer und schwedischen Konsul Nommen Friedrich Nommensen (1799-1852)[90] und einige Mitkonsorten erneut ein Schiff auf Walfang und Robbenschlag von Föhr nach Grönland bereedert: die Brigg *Insel Föhr*[91] unter dem Kommando des erfahrenen Kapitäns

---

89 Martens 1845.
90 Koops 1981.
91 Dabei handelte es sich um die vormalige vor Amrum gestrandete englische Brigg *Liverpool*, die zwischenzeitlich auf der Wyker Werft eine neue Takelage und für die Fahrt ins Eismeer eine verstärkte Plankenlage erhalten hatte; vgl. Nerong 1903: 69.

49

Claus Ohrdt (1801-1869) aus Oevenum auf Föhr. Doch auch dieses Unternehmen erwies sich trotz einiger Anfangserfolge als unrentabel und wurde schon 1853 wieder eingestellt.[92] Seitdem sind in der Literatur keine Hinweise mehr für weitere Reisen von Föhr ins Eismeer zu finden.

Große internationale Beachtung fand dagegen eine kleine Dorfschmiede in Oevenum auf Föhr, die sich auf den Bau von Harpunen für den Walfang spezialisiert hatte. Münzing erwähnt die gediegene Qualität der Schmiedearbeit, die so sehr geschätzt worden sei, dass über eine lange Zeit bedeutende Mengen Harpunen nach England und Holland exportiert worden seien.[93] In der damaligen Zeit war es ein Problem, einen geeigneten Kompromiss zwischen der Härte und der nötigen Biegsamkeit des Metalls zu finden, was der Harpunenschmied auf Föhr offenbar recht gut beherrschte. Der Reiseschriftsteller Kohl führt dazu näher aus:

„Die friesischen Harpunen zu Föhr haben eine gewisse Berühmtheit gehabt und sind hier früher in großer Menge fabricirt worden, sowohl für die Holländer als auch für die Engländer. Es kommt bei einer guten Harpune darauf an, daß dem Eisen sowohl der gehörige Grad von Festigkeit als auch eine gewisse Biegsamkeit gegeben wird. Diese Biegsamkeit ist nötig, damit der Stiel (Schaft) der Harpune bei den gewaltsamen Bewegungen des Fisches nicht breche, sondern sich eher krümme und umbiege. Sprödes Eisen würde zu diesem Zwecke gar nicht taugen."[94]

Auch der Königliche Grönlandshandel (KGH) orderte 1776 für seine Walfangflotte 300 Föhrer Harpunen, doch zumindest diese Serie (eines anderen Harpunenschmieds?) erwies sich sehr zum Ärgernis der Kommandeure als äußerst mangelhaft. So beklagte sich etwa Michel Bohn [Michel Boysen] (1726-1781) aus

---

92 Nerong 1903: 69.
93 Münzing 1978: 13.
94 Kohl 1846: 1,128; ähnlich äußerten sich bereits Martens 1675: 113 und Niemann 1796: 51.

Borgsum auf Föhr, Kommandeur auf der *Stats Secretaire Guldberg*, dass jede zweite auf Föhr gefertigte Harpune unbrauchbar gewesen sei; sie seien wie Glas zersprungen. Entsprechend äußerte sich auch der Kommandeur der *Cammerherre Schack* Peter Jensen Grooth (1731-1794) aus Keitum auf Sylt.[95]

Auf die Tauglichkeit der Harpune und der Fangleine wurde sonst ein großes Augenmerk gelegt, denn von ihnen hing ganz entscheidend der Erfolg der Jagd ab. Im Laufe der Zeit entwickelten sich aus den ursprünglich einfachen, festen Harpunen die sogenannten veränderlichen Harpunen in vielen Variationen, deren Spitze sich nach dem Eindringen in die Speckschicht des Tieres querstellte und somit eine erhöhte Haltekraft versprach (vgl. Abb. 55).

Allgemeine Wertschätzung genossen in Seefahrtskreisen ferner die auf Föhr hergestellten Oktanten, worauf bereits der Diakon an St. Johannis Jacob Boysen in den *Provinzialberichten* 1793 hingewiesen hat:

> *„Noch wohnt daselbst* [auf Föhr] *ein Mechanikus, der gute Oktanten, Luftpumpen und andere Instrumente verfertigt. Auch von ein Par Uhrmachern werden sehr gute Oktanten gemacht, welche nicht nur von einheimischen Seefahrenden, sondern auch von auswärtigen häufig gesucht werden."*[96]

Bei diesem „Mechanikus" handelt es sich zweifellos um den Uhrmacher Hinrich Volkerts (1748-1803) aus Oevenum auf Föhr, von dem eine umfangreiche Produktion bekannt ist.[97] Ungleich bekannter war jedoch der Uhrmacher Jens Nickelsen (1721-1785) aus Goting auf Föhr, der unter seinem hollandisierten Namen Jan Cornelisz. noch am 24. Januar 1762 als Obersteuermann auf dem

---

95 Riewerts/Roeloffs 1996: 60f.
96 Boysen 1791-93: 2,266.
97 Schlee 1960: 84.

21. Hölzerner Oktant des Hay Nahmens [holland.: Hendrick Nannings] (1761-1791) aus Boldixum auf Föhr, der bereits mit 26 Jahren Kommandeur des in Rotterdam beheimateten Bootschiffes *De Goede Hoop* wurde (Lüden 1989: 58). Die Alhidade aus Messing ist mit Blumenornamenten graviert und trägt die Inschrift „Hendrick Nannings 1783". Die Skala auf dem Limbus mit einer Gradeinteilung von 0-90° ist aus Elfenbein und als Intarsie in das Holz eingelegt. Auf dem linken Radius befindet sich ein Horizontalspiegel sowie ein fest installiertes Schattenglas, oben ein Indexspiegel, dazu auf dem rechten Radius ein Diopter mit Guckloch. Auch diese Teile sind aus Messing gefertigt. Die eingravierte Inschrift „Jan Cornelisz: fecit. a. Föhr No. 251" auf der Messingplatte des linken Radius gibt den hollandisierten Namen des Herstellers Jens Nickelsen (1727-1785) aus Goting auf Föhr und die Herstellungsnummer wieder.

niederländischen Fregattschiff *De Drie Gezusters* zu seiner vierten Reise nach Westafrika aufbrach, um an der guineischen Küste Sklaven einzuhandeln, doch wurde er dort am 4. September desselben Jahres aus ungeklärter Ursache aus dem Dienst entlassen und an Land gesetzt, von wo aus er auf unbekannte Weise nach Föhr zurückkehrte und sich an seinem Heimatort Goting auf das Bauen von Uhren und nautischen Instrumenten verlegte, und zwar vornehmlich von Oktanten, die er für gewöhnlich – seit 1770 nachweislich – mit seinem hollandisierten Namen *Jan Cornelisz.* signierte und obendrein mehr oder weniger konsequent fortlaufend numerierte.[98] Der erste nachweisbare Oktant aus seiner Hand stammt aus dem besagten Jahr 1762, der letzte aus dem Jahr 1784. Dieser trägt die Herstellungsnummer 257. Zwischen der ersten verbürgten Nr. 34 (1770) und der Nr. 257 (1784) liegen 14 Jahre, demzufolge er in diesem Zeitraum durchschnittlich 16 Exemplare per anno hergestellt hat. Besonders fruchtbar war offenbar das Jahr 1777, auf das mindestens 24 Nummern entfallen.[99]

Weitere Föhrer Uhrmacher, die sich auf den Bau von Oktanten verstanden, waren Nickels Wögens (1716-1803) aus Nieblum, von dem jeweils zwei mit seinem hollandisierten Namen *Cornelis Willemsz.* signierte Oktanten überliefert sind,[100] sowie Jens Jacob Eschels' Großvater mütterlicherseits Nahmen Nahmens (1704-1768) aus Nieblum, ein ehemaliger Walfänger, der seinen Beruf

---

98 Lüden 1983: 87 und Lüden 1989: 58.
99 Schlee 1960: 80ff. und Schröder 1961.
100 Schlee 1960: 84.

krankheitsbedingt aufgeben musste, um fortan neben Webkäm-
men und Stundengläsern vor allem Kompasse und Oktanten zu
verfertigen. Auch Eschels besaß einen Oktanten aus der großvä-
terlichen Produktion und rühmt noch 1831 seine gediegene Qualität, die in nichts der moderner Oktanten nachstehe.[101]

22. Detailansicht
des Oktanten
Nr. 251 von Jens
Nickelsen mit dem
eingravierten Na-
men des Herstellers
Jan Corneliusz."
auf dem linken
Radius und dem des
Besitzers *Hendrick
Nannings*" auf der
Alhidade.

Die Manufaktur von nautischen Instrumenten in Nordfriesland, die namentlich unter den Föhrer Uhrmachern des 18. Jahrhunderts eine Zeit hoher Blüte erlebte, stand zweifellos mit der
allgemeinen nautischen Vorbildung der inselnordfriesischen Seefahrer in enger Verbindung, betätigten sich die Föhrer Uhrmacher doch in mehreren Fällen zugleich auch als Navigationslehrer an ihren Heimatorten, so beispielsweise die obenerwähnten
Nahmen Nahmens und Nickels Wögens aus Nieblum.[102] Die von
ihnen geschaffenen Stundengläser, Kompasse und vor allem Oktanten sind von überdurchschnittlicher Qualität und zeugen von
einem beachtlichen handwerklichen wie kunsthandwerklichen
Geschick. Ihr im Übrigen unzünftiges Gewerbe, zu dessen Ansehen die Föhrer Meister nicht unmaßgeblich beitrugen, wirkte weit über die engen Grenzen Nordfrieslands im Allgemeinen
und der Nordfriesischen Inseln im Besonderen hinaus, nicht zuletzt auch mit Blick auf die dänischen Inseln Rømø und Fanø.[103]

101 Eschels 2006: 21f.; vgl. ferner Schlee 1960: 80.
102 Eschels 2006: 22 und 58.
103 Schlee 1960: 89.

3. Der Königliche Grönlandshandel – ein historischer Abriss

3.1. Die Anfänge des dänischen Grönlandhandels

Auch wenn das Königreich Dänemark seinen Besitzanspruch auf die arktischen Küsten und insbesondere auf Grönland seit 1389 immer wieder erneuerte, lag Grönland, die größte Insel der Welt, doch eine lange Zeit außerhalb des politischen und wirtschaftlichen Blickfeldes der dänischen Könige und ihrer Regierungen, von gelegentlichen Expeditionen einmal abgesehen.[104] Das ökonomische Interesse Dänemarks am Nordmeerhandel konzentrierte sich bis dahin weitgehend auf Island, die Färöer Inseln und Finnmark in Nordnorwegen.[105]

Erst als zu Beginn des 17. Jahrhunderts englische, hanseatische und vor allem niederländische Kompanien in zunehmendem Maße Walfang vor Grönland und Spitzbergen betrieben, stand Grönland wieder im Fokus dänischer Interessenpolitik, wohl nicht zuletzt auch deshalb, weil man in Kopenhagen durch die verstärkten Aktivitäten der anderen europäischen Seemächte in den arktischen Gewässern den dänischen Souveränitätsanspruch auf Grönland in Gefahr sah. Gleichermaßen aufgeschreckt wie beflügelt durch die Nachricht, dass der englische Marineoffizier Martin Frobisher (ca. 1535-1594) 1578 Grönland wieder „entdeckt" und sein Landsmann John Davies (1550-1605) auf den nachfolgenden Fahrten 1585-87 den ersten Kontakt zu den Inuit (Eskimos) hergestellt hatte, rüstete der junge dänische König Christian IV. (1577-1648) ab 1605 eine Reihe von Grönlandexpeditionen aus, um einmal die Souveränität Dänemarks über Grönland insbesondere gegenüber den Engländern unter Beweis zu stellen und zum anderen einen Grundstein für eine spätere

---

104 Vgl. Strøm Tejsen 1977: 451f., Gad 1978: 1,211ff. u. 223ff., Feldbæk 1997: 32ff.
105 Feldbæk 1997: 28ff.

dänische Kolonisation dort zu legen.[106] Doch sowohl diese wie die grönländischen Unternehmungen seines Sohnes und Nachfolgers Frederik III. (1609-1670) blieben – nicht zuletzt in ökonomischer Hinsicht – weit hinter den hochgesteckten Erwartungen zurück. Daran änderte auch die 1636 eigens gegründete Grönländische Kompanie nichts, deren vornehmliche Aufgabe es war, die wirtschaftlichen Interessen Dänemarks auf Grönland zu koordinieren und zu steuern.[107]

Eine planmäßige Erschließung und Kolonisierung Grönlands setzte erst ein, als der dänische Geistliche Hans Egede (1686-1758), der „Apostel der Grönländer", 1721 nach Grönland aufbrach, um seine Einwohner zu christianisieren, und der dänische König Frederik IV. (1671-1730) mit einem Oktroi Egedes *Bergenske grønlandske Compagnie* für 25 Jahre ein Handelsmonopol auf sämtliche grönländischen Waren bewilligte, damit er aus den Gewinnen dieses Handels die Missionsarbeit finanzieren könne. Doch schon 1726 musste Egede seine Handelsgesellschaft in staatliche Hände legen, da sie nicht genug Profit erwirtschaften konnte, aber auch in staatlicher Regie verbesserte sich die Gewinnlage kaum, so dass man das Grönlandsmonopol 1733 an den Kopenhagener Großkaufmann Jacob Sewerin (1691-1753) übertrug, der freilich ebenso scheiterte wie die ihm 1750 nachfolgende Gesellschaft, *Det Almindelige Handelscompagnie*.[108]

23. Hans Poulsen Egede (1686-1758); Lithographie von Emilius D. Bærentzen (1799-1868), 1868. Hans Egede war zunächst Gemeindepastor auf den nordnorwegischen Lofoten, bevor er im Mai 1721 nach Grönland aufbrach, um seine Bewohner zu christianisieren und das Land zu kolonisieren. 1722 gründete er in Godthåb die erste Kolonie; die ein Jahr nach seinem Tode 1759 gegründete Kolonie Egedesminde ist nach ihm benannt.

---

106 Tving 1944: 17ff., Strøm Tejsen 1977: 451f., Gad 1978: 1,264ff., Braukmüller 1990: 68ff.
107 Tving 1944: 20ff.
108 Tving 1944: 22ff., Ostermann 1945: 7ff., Strøm Tejsen 1977: 452ff., Gad 1978: 2.1,379ff.,
   Riewerts/Roeloffs 1996: 55f., Feldbæk 1997: 32ff.

3.2. Der Königliche Grönlandshandel und seine Aufgaben

In der Zeit der *Almindelige Handelscompagnie* zwischen 1750-1774 wurde das bis dahin bekannte Grönland zu einer dänischen Kolonie vereinigt.[109] Damit war im Mai 1774 eine ganz wesentliche Voraussetzung geschaffen zur Gründung des *Kongelige Grønlandske Handel* (Königlicher Grönlandshandel, im Weiteren KGH genannt), dem Christian VII. (1749-1808) per Dekret das Handelsmonopol für Grönland und Spitzbergen übertrug,[110]

24. Jacob Sørensen Sewerin (1691-1753), dänischer Großkaufmann und Begründer des Grönlandhandels; zeitgenössisches Gemälde. 1733 übertrug ihm Christian VI. (1699-1746) das Handelsmonopol auf grönländische Waren, das er aber schon 1749 an die dänische Krone zurückgab.

das für nahezu 180 Jahre Bestand haben sollte und erst 1950 aufgehoben wurde.[111]

Schon von den Vorgängerkompanien waren seit 1734 entlang der grönländischen Westküste zwischen Upernavik im Norden und Kap Farvel im Süden zahlreiche dänische Kolonien angelegt worden, denen bis 1814 weitere Koloniegründungen folgten,[112] so dass die Engländer und Holländer am Ende aus dem Grönlandhandel sukzessive

---

109 Strøm Tejsen 1977: 454.

110 Strøm Tejsen 1977: 454, Gad 1978: 2.2,518ff., Riewerts/Roeloffs 1996: 56ff.; – zunächst erstreckte sich das Handelsmonopol auch auf den Handel mit Island und Finnmark, jedoch schon 1775 wurden Island und Finnmark wieder ausgegliedert und dem Färöischen Handel zugeschlagen.

111 Strøm Tejsen 1977: 454 und Riewerts/Roeloffs 1996: 57.

112 Vgl. insbesondere die Karten bei Gad 1984: 175 und Riewerts/Roeloffs 1996: 55; vgl. ferner Feldbæk 1997: 33, Abb. 7.

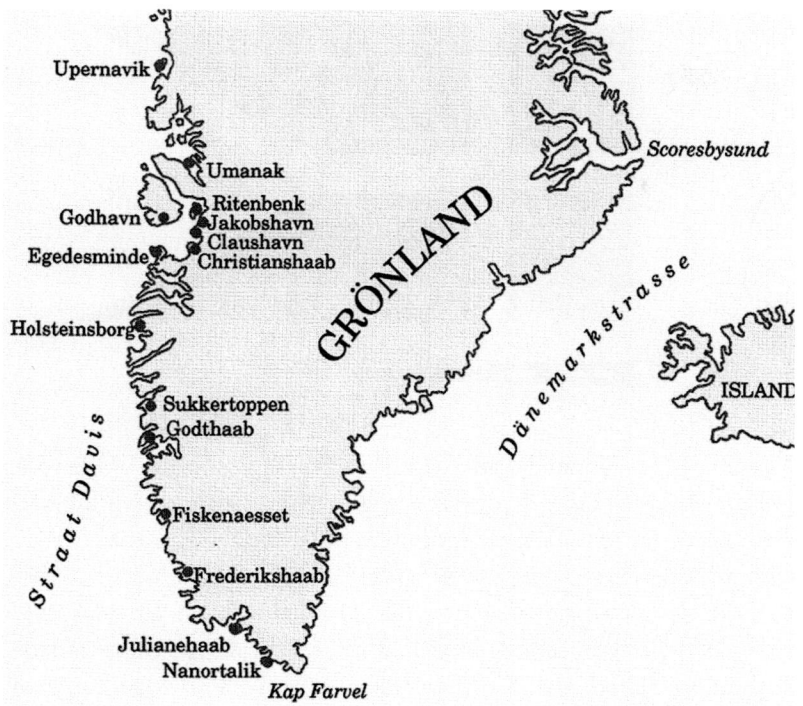

Map labels: Upernavik, Umanak, Godhavn, Ritenbenk, Jakobshavn, Claushavn, Egedesminde, Christianshaab, GRÖNLAND, Scoresbysund, Holsteinsborg, Dänemarkstrasse, ISLAND, Sukkertoppen, Godthaab, Straat Davis, Fiskenaesset, Frederikshaab, Julianehaab, Nanortalik, Kap Farvel

verdrängt werden konnten.[113] Die Verwaltung der Kolonien sowie die Durchführung und Durchsetzung des Handelsmonopols im Einzelnen lag in den Händen des KGH; die rechtliche Grundlage dazu lieferten die detaillierten Regelwerke der königlichen Verordnungen vom 2. Juli 1781 und 19. April 1782.[114] Dazu wurden die Kolonien 1782 in zwei Verwaltungsbezirke zusammengefasst, einen nördlichen Bezirk mit Godhavn (heute: Qeqertarsuaq) als Verwaltungssitz und einen südlichen Bezirk mit Godthåb (heute: Nuuk) als Verwaltungssitz, dem jeweils ein Inspektor des KGH vorstand.[115] In den einzelnen Kolonien lag die administerielle Gewalt dagegen bei einem *Kiøbmand* (Kaufmann) und seinem Assistenten, denen zur Aufrechterhaltung der öffentlichen Ordnung in

---

113 Feldbæk 1997: 33.
114 Abgedruckt bei Bobé 1936: 353ff. und 364ff.; vgl. ferner Frandsen 2010: 93ff.
115 Ostermann 1945: 10, Strøm Tejsen 1977: 455f. und Gad 1978: 3,11.

57

26. Stempel
mit dem
Siegel des KGH.

27. Flagge und
Wimpel des KGH
nach den Vorgaben
der Direktion vom
30. Mai 1795 an Ins-
pektor B.J. Schultz.

kleineren Dingen auch judizielle Befugnisse zukamen.[116] Das Siegel des KGH – ein gekröntes Wappenschild mit einem sitzenden Eisbären – hatte rechtsverbindlichen hoheitlichen Charakter.

Wie durch Rundschreiben der Direktion vom 19. Mai 1795 an sämtliche Vorsteher einer Kolonie bekannt gegeben wurde, sollten die Schiffe des KGH fortan die dänische Orlogsflagge am Mast führen, eine Splitfahne in den rot-weißen Farben des Danebrogs (dän. Nationalflagge), jedoch mit dem Unterschied, dass die Flagge des KGH im linken oberen roten Feld zwei gekreuzte weiße Harpunen zeigen und überdies im waagerechten weißen Balkenkreuz in gelber Farbe die ineinander verschlungenen Initialen KGH erscheinen sollten, um sie von der dänischen Kriegs- oder Königsflagge besser unterscheiden zu können.[117] Später verschwinden die drei Initialen wieder, was per königlichem Dekret vom 28. Juni 1846 auch offiziell so gehandhabt wird. Ein solches Symbol königlicher Macht verlieh den Schiffen des KGH und seinen Führern zweifellos eine gewisse staatliche, hoheitliche Autorität, vor allem natürlich im Kontakt oder gar Konflikt mit Schiffen ausländischer Konkurrenzunternehmen. Diese Form nationaler Machtdemonstration war sicherlich gewollt.

---

116 Vgl. Bobé 1936: 384f., §§ 1-5; vgl. auch Frandsen 2010: 17ff. und 37ff.
117 Tving 1944: 44 und Strøm Tejsen 1977: 457; vgl. ferner Bobé 1936: 361, § 25.

Wie eine solche Demonstration aussehen konnte, schildert ein Artikel von Jørgen Fleischer in der grönländischen Wochenzeitung *Sermitsiaq* vom 18. Juli 2003: Eines Tages im Frühjahr, an einem 29. April, erschien ein aufgebrachter Kajakmann von der benachbarten Insel Kangeq vor dem Amtssitz von Carl P. Holbøll (1795-1856) in Godthåb (Nuuk), wo dieser zwischen 1825-1828 Inspektor für Südgrönland war, und berichtete dem *„lille, rare inspektør"* [kleiner, liebenswürdiger Inspektor], wie die Grönländer Holbøll ehrfurchtsvoll nannten, dass in *Faltings Havn*, einem traditionellen Liegeplatz eben südwestlich von Godthåb auf der anderen Seite des Fjords, ein fremdes, „böses" Schiff ankere, das wenig Gutes im Schilde führe. Stehenden Fußes warf sich Holbøll in seine goldbetresste Gala-Uniform mit Zweispitz und umgeschnalltem Säbel und eilte dem Eindringling auf seiner Dienstschaluppe mit wehenden Rockschößen und gezücktem Säbel quer über den Fjord entgegen, die Flagge des KGH im Mast, und wild entschlossen, das ominöse Schiff aufzubringen und zu konfiszieren. Noch bevor Holbøll den Fremden erreichte, lichtete dieser hastig den Anker, um unter vollem Zeug davonzusegeln. Den grönländischen Bewohnern des Godthåbfjords war dieser 29. April noch über viele Jahrzehnte als *„det-slemme-skibs-dag"* [Tag des bösen Schiffes] in respektvoller Erinnerung, als *„lille, rare inspektør"* das „böse Schiff" verjagte.[118]

28. Ansicht der Kolonie Godthåb (Nuuk), Sitz des Verwaltungsbezirks Südgrönland, ca. 1863; v.l.n.r.: die Druckerei, der Amtssitz des Inspektors, die Erlöserkirche (*Frelsers Kirke*), das grönländische Seminar.

---

118 Fleischer 2003: 12f.; – C.P. Holbøll war später von 1828-1856 Inspektor für Nordgrönland und ging 1856 auf dem Transportschiff *Baldur*, Kapitän Friedrich Ocken (1803-1856) aus Borgsum auf Föhr, auf ungeklärte Weise im Nordatlantik unter. Sein auf Grönland geborener Sohn Pingel J.C. Holbøll (1828-1911) organisierte im Deutsch-Dänischen Krieg 1864 zusammen mit Kapitänleutnant Otto C. Hammer (1822-1892) von Wyk auf Föhr aus zunächst sehr erfolgreich die dänische Verteidigung des nordfriesischen Wattenmeeres und seiner Inseln und Halligen; vgl. Faltings 1988: 47, 49ff.

29. Ein grön-
ländischer Kajak-
mann, 1906.

Die Mannschaften auf den Schiffen des KGH inkl. seiner
Besatzungen auf den Handels- und Walfängerstationen in den
einzelnen Kolonien genossen gegenüber den gewöhnlichen See-
fahrenden im dänischen Gesamtstaat eine Reihe von Privilegien.
So verfügt die königliche Verordnung von 1781, dass die auf den
Schiffen des KGH segelnden Seeleute eine Befreiung vom Militärdienst genießen und nur im äußersten Notfall zur Musterung ausgeschrieben werden dürfen. Ferner bleiben sie von allen
„borgerlige Besværinger" [Belastungen, Pflichten] verschont und
sind bei der Anreise nach Kopenhagen oder auf der Heimreise
von dort nicht gezwungen, die teuren Kutschen der königlich-
protegierten *„Vognmands-Laugene"* [Fuhrmanns-Innungen] zu
benutzen, sondern haben die freie Wahl des Transportmittels.
Außerdem zahlen sie bei der Ein- und Ausreise auf die für eine
Grönlandfahrt benötigten oder von dort mitgebrachten Waren
keinen Zoll oder sonstige Abgaben, und stirbt ein in Diensten des
KGH stehender Seemann während der Reise, werden die Hinter-
lassenschaften durch die Direktion des KGH direkt an die Erben
zur Erbverteilung ausgeliefert, ohne dass dafür die sonst fälligen
Gebühren und Abgaben in Höhe von 6-10% zu entrichten sind.[119]
Schließlich gewährte der KGH den von auswärts stammenden
Seeleuten ein Reisegeld für die Anfahrt nach Kopenhagen – für

---

119 Vgl. Bobé 1936: 359f., §§ 14-19.

30. *Den Kongelige Grønlandske Handels Plads* in Kopenhagen in einem Pastell von Niels I. Bredal (1772-1831), 1810. Von diesem Platz aus nahm jede Grönlandfahrt des KGH ihren Anfang.

die Föhringer war das die erkleckliche Summe von sechs Reichstalern[120] – sowie in Kopenhagen ein Kostgeld von 12 Schilling Courant pro Tag, was etwa in Holland nicht üblich war, und insgesamt sollen die Monatsheuern in Kopenhagen höher gewesen sein als vergleichsweise in Altona oder Hamburg.[121] Diese und andere Vergünstigungen dienten in erster Linie wohl als Lockmittel, um genügend taugliche und erfahrene Seemannschaften für den KGH rekrutieren zu können, eine Maßnahme, die im Übrigen ihre Wirkung – auch und insbesondere auf Föhr – nicht verfehlte.

Gemäß des königlich-priviligierten Handelsmonopols besaß der KGH das alleinige Recht, zu den grönländischen Niederlassungen zu segeln und dort Handel mit den Grönländern zu betreiben oder eingehandelte Waren von dort auszuführen. Anderen Gesellschaften, und zwar sowohl ausländischen wie dänischen, war das verboten. Um dieses Handelsmonopol zu gewährleisten sowie den illegalen Handel und nicht zuletzt die sich häufenden

---

120 Eschels 2006: 78.
121 Riewerts/Roeloffs 1996: 60 und Eschels 2006: 67; – 1875 betrug das Kostgeld für den Kajütsjungen Ernst Ketels (1859-1949), als dieser 16-jährig in Diensten des KGH seine erste Grönlandreise antrat, zwei dänische Kronen am Tag; vgl. Ketels-Harken 2010: 36.

Übergriffe ausländischer – insbesondere englischer – Walfänger gegen die Inuit zur Not auch mit Waffengewalt zu unterbinden, kreuzte die 56½ CL große und mit acht Kanonen armierte Brigg *Dorothea* seit Anfang August 1792 als eine Art „Küstenschutz" in den nordgrönländischen Gewässern.[122]

Eine der vordringlichsten Aufgaben des KGH bestand darin, mit seinen Proviantschiffen einen geregelten Fracht- und Personenverkehr zwischen dem dänischen Mutterland und den grönländischen Kolonien sowie zwischen den Kolonien untereinander sicherzustellen und die dort lebenden Menschen mit allem Lebensnotwendigen zu versorgen. Darüber hinaus verkehrten zwischen den einzelnen Kolonien im Liniendienst sogenannte Kolonieschiffe kleinerer Bauart, deren Mannschaften wohl auch zu laufenden Arbeiten in den Kolonien herangezogen wurden sowie im Frühjahr und Herbst beim Winterwalfang von den Walfängerstationen aus eingesetzt werden konnten (s.u.). Auf der Rückreise nahmen die Proviantschiffe die grönländischen Waren an Bord, die die Kaufleute (dän. *købmænd*) in den jeweiligen Niederlassungen von den Inuit eingehandelt hatten, und zwar durchweg im Tausch von europäischen Gebrauchsartikeln gegen grönländische Naturalien wie Tran, Felle, Walbarten und Walrosszähne, später vor allem auch Eiderdaunen, wobei der KGH das Tauschverhältnis bis in die 1920er Jahre hinein verbindlich festgelegt hatte. Für ein Jagdgewehr etwa musste ein grönländischer Fänger acht Fässer Walspeck, sechs Eisbärenfelle oder 24 Blaufuchsfelle geben.[123]

Neben der Versorgung der grönländischen Kolonien betätigte sich der KGH von Anbeginn auch im Walfang, das heißt zunächst ausschließlich im klassischen Sommer-Walfang, der saisonal zwischen dem zeitigen Frühjahr und den Herbstmonaten stattfand.

---

122 Strøm Tejsen 1977: 454 sowie Frandsen 2010: 20, 26f. und 196.
123 Strøm Tejsen 1977: 456 und Riewerts/Roeloffs 1996: 56f.; vgl. ferner Bobé 1936: 377f., §§ 1-5, Gad 1976: 3,33f. sowie Frandsen 2010: 28.

Jens J. Eschels (1757-1842) berichtet, dass die Direktion in Kopenhagen im Jahre 1776 zu diesem Zweck erstmals acht Schiffe, davon sieben Neubauten, ausgerüstet habe, davon wiederum sieben unter der Führung eines Föhrer Kommandeurs.[124] Im Folgejahr 1777 schickte der KGH bereits 16 Walfänger ins Eismeer, darauf 12 Kommandeure von Föhr, drei waren auf Rømø beheimatet, einer auf Sylt.[125] Auch unter den Mannschaften befanden sich zahlreiche Inselnordfriesen, die meisten von Föhr, darunter mit dem Alkersumer Kommandeur Jacob Rörden (1747-1803) auf der *Grev Bernstorff* auch der damals 20-jährige Jens J. Eschels (1757-1842) aus Nieblum als Steuermann einer Schaluppe.[126]

Auf Betreiben des damaligen dänischen *Skatmesters* (etwa: Finanzminister) Graf Heinrich C. von Schimmelmann (1724-1782) ging der KGH seit 1777 verstärkt dazu über, „mit Hülfe und Beystand der Grönländer" – neben dem herkömmlichen sommerlichen Walfang – auch den Winter-Walfang zu betreiben, woran sich die Föhringer wiederum in hohem Maße beteiligten. Im Spätsommer 1777 lief erstmals ein Schiff des KGH, die *Cammerherre Baron E. von Schimmelmann* unter Kommandeur Christian Johannsen (1735-1782) aus Alkersum auf Föhr, von der Kopenhagener Reede zu seiner Winterreise nach Grönland aus. Ein Jahr später, 1778, beorderte der KGH gar 16 Schiffe auf den Winterfang, davon 14 mit einem Föhrer Kommandeur, einem von Amrum und einem von Sylt.[127]

Doch die Walbestände in den grönländischen Gewässern hatten sich zu dieser Zeit infolge der jahrzehntelangen Überfischung stark gelichtet, so dass sich der Walfang für den KGH zunehmend zu einem defizitären Unternehmen entwickelte. Im Winter 1784/85 fuhren schließlich nur noch drei Kommandeure des KGH auf den Winterfang, nämlich Boh Bohn (1732-1795) aus

---

124 Eschels 2006: 66f.; vgl. ferner Gad 1976: 2.2.,523.
125 Riewerts/Roeloffs 1996: 59.
126 Eschels 2006: 74.
127 Riewerts/Roeloffs 1996: 64f und Roeloffs 1999: 31ff.; vgl. ferner Gad 1976: 3,45ff.

HENRICUS CAROLUS COMES SCHIMMELMANN
S RM. Dan. Norv. ab Ærarii et Commerciorum supremâ curâ, Consiliarii intimi honore
Ordinisque Elephantini et Perfecta Unionis insignibus ornatus, Comes in Lindenburg,
Dominus prædiorum Ahrensburg, Wandsbeck, etc. Natus d.13 Iul.1724 Denatus d.16 Febr.1782.

Alkersum auf der *Geheime Raad Schack Rathlow*, Boh Jürgens (1747-1814) aus Alkersum auf der *Conferens Raad Prætorius* sowie der schon mehrfach erwähnte Adrian Dircks [Ocke Erken] (1753-1794) aus Oldsum – später Wrixum – auf dem Fregattschiff *Kongens Gave*; danach wurde der risikoreiche Winterfang von Kopenhagen aus eingestellt, dem wenige Jahre später auch der Sommerfang folgte. Eine eigens eingesetzte Kommission[128] hatte 1788 ermittelt, dass die Walfangflotte des KGH im Jahresmittel einen Verlust von ca. 22.000 Reichstalern eingefahren hatte. Daraufhin entschloss sich die Direktion, die gesamte Walfangflotte, bestehend aus 13 Schiffen, zu verkaufen.[129]

Gleichwohl gab der KGH den Walfang nicht endgültig auf, sondern betrieb ihn vorzugsweise ab dem zeitigen Frühjahr vor Ort auf Grönland von besonderen Walfängerstationen aus weiter, indem man den Walen von Land aus in Schaluppen nachstellte, die vornehmlich mit einheimischen Jägern bemannt waren. Die Führung einer solchen Station lag in den Händen eines erfahrenen Walfangkommandeurs, der darüber hinaus in den eisfreien Sommermonaten ein vor Ort eingesetztes Kolonieschiff

---

128 Gad 1976: 3,72ff.
129 Riewerts/Roeloffs 1996: 69f. und Roeloffs 1999: 34ff.; vgl. ferner Gad 1976: 3,55ff.

befehligte und dabei den Personen- und Warenverkehr zwischen den umliegenden Niederlassungen besorgte, dabei wohl auch mit seinen Mannschaften im grönländischen Kohleabbau auf der Insel Disko sowie bei Umanak beschäftigt war und den Transport der Kohle zu den Kolonien organisierte.[130] Zahlreiche Föhrer Kommandeure haben sich als Leiter einer solchen Station bei Holsteinsborg, am Isefjord b. Claushavn sowie auf der Insel Disko bei Godhavn und an der Fortunebay hervorgetan.[131] Vor allem die 1782 gegründete nordwestgrönländische Walfängerstation *Godhavn Anlæg* ist zwischen 1786 und 1826 eng mit den Namen etlicher Föhrer Kommandeure verbunden, die der Station z.T. über viele Jahre vorstanden:[132]

31. Graf Heinrich Carl von Schimmelmann (1724-1782); zeitgenössischer Kupferstich von Johan Terkel Kleve (1743-1797). Der aus Pommern gebürtige Schimmelmann trat 1761 als Kommerzintendant in dänische Dienste und trug wesentlich zur Konsolidierung der maroden dänischen Staatsfinanzen bei; 1768 dänischer Finanzminister, 1779 Erhebung in den Grafenstand; galt seinerzeit als der reichste Mann Europas, der sein Vermögen im „Atlantischen Dreieckshandel" erworben hatte; engagierte sich unter anderem stark für den Grönlandhandel.

Ketel Rörden [Ketel Riewerts][133]	
(1739 - vor 1801) aus Süderende	1786/87
Rörd Bohn [Riewert Boysen][134]	
(1744-1824) aus Oldsum	1791-1796
Rörd Jappen [Riewert Jappen]	
(1743-1828) aus Wrixum	1792/93[135]
Jürgen Ketels[136]	
(1772-1839) aus Oldsum	1796-1802
Rörd Ocke Bohn	
(1792-1835) aus Klintum	1815-1818
Jung Früd Jepsen [Friedrich Jepsen]	
(1775-1841) aus Oldsum	1823-1826

---

130 Ostermann 1945: 10, Gad 1976: 3,57ff., Roeloffs 1999: 37ff. und Frandsen 2010: 24f. und 34.

131 Vgl. die Liste bei Riewerts/Roeloffs 1996: 70.

132 Riewerts/Roeloffs 1996: 193ff.

133 Riewerts/Roeloffs 1996: 175ff., Roeloffs 2007: 309.

134 Riewerts/Roeloffs 1996: 90ff. – Der Inspektor für Nordgrönland Børge J. Schultz (1764-1826) rühmt vor allem Rörd Bohns Geschick im Umgang mit den Grönländern; vgl. Frandsen 2010: 359.

135 Zeitgleich und im geplanten jährlichen Wechsel mit Rörd Bohn; vgl. Frandsen 2010: 76 und 359. – Rörd Jappen nannte sich später auch Rörd Jappen Flor nach seinem Schwiegervater, dem Kommandeur und Ratmann von Osterlandföhr Rickmer Flor (1709-1778) aus Wrixum; vgl. Nerong 1887: 14f. und Nerong 1898: 125f.

136 Riewerts/Roeloffs 1996: 110ff.

3.3. Die Bedeutung des Königlichen Grönlandshandels für die Insel Föhr

Wohl mit keiner Region des damaligen dänischen Gesamtstaates ist der Name des *Kongelige Grønlandske Handel* (KGH) so eng verknüpft wie mit der nordfriesischen Insel Föhr. Zumindest im ersten Jahrzehnt seines Bestehens befand sich der Walfang des KGH nahezu vollständig in Händen von Föhrer Kommandeuren.

In keiner europäischen Walfangflotte lag der Prozentsatz an Föhrer Kommandeuren so hoch wie in der des KGH. Von den 94 nachgewiesenen inselnordfriesischen Schiffsführern, die zwischen 1775 und 1905 als Kommandeur eines Walfängers bzw. als Vorsteher einer grönländischen Walfängerstation oder als Kapitän eines Transportschiffes in Diensten des KGH standen, stammten 80 von Föhr, immerhin noch 12 von Sylt und nur 2 von Amrum.[137]

Diese auffällige Affinität der Föhrer Walfänger für den KGH ist erklärlich und hat im Wesentlichen zwei Ursachen. Als auf Ersuchen des umtriebigen dänischen Finanzministers Graf von Schimmelmann (s.o.) der Kanzleirat Peter Matthiessen (1720-1812), ein Enkel des legendären Föhrer Grönlandkommandeurs Matz Peters [Matthias Petersen] (1632-1706) aus Oldsum,[138] im Herbst 1776 und 1777 von Altona nach Föhr reiste, um dort

---

137 Riewerts/Roeloffs 1996: 71ff.

138 Im friesischen Volksmund besser bekannt unter seinem Beinamen *de lokelk Matiis* (der erfolgreiche Matthias); diesen Beinamen erhielt er aufgrund seines sagenhaften Fangglückes – er fing 373 Wale – schon zu Lebzeiten, wie eine notarielle Amsterdamer Urkunde von 1682 belegt, in der er als *„Matthijs Pietersz. alias gelukkige Matthijs"* begegnet (Dekker 1978: 159, Anm. 12); – zu Matz Peters' Biographie vgl. sehr ausführlich Steffen 2010.

tapfliche Kommandeure, Offiziere und Mannschaften für die Walfangschiffe des KGH zu werben, fielen die Rekrutierungsbemühungen bei seinen Föhrer Landsleuten, unter denen er aus seiner Zeit als Landvogt von Osterlandföhr und Birkvogt von Westerlandföhr und Amrum (1757-1771) großes Ansehen und Vertrauen genoss, offenbar überraschend schnell auf fruchtbaren Boden. Die günstigen Heuerbedingungen, die er ihnen versprechen konnte, taten überdies sicherlich ihr Übriges.[139] Einen weiteren unerwarteten Zustrom Föhrer Walfänger erlebte der KGH ab der Fangsaison 1781, nachdem die im November 1780 ausgeschriebenen und in den Folgejahren wiederholten Enrollierungen Föhrer Seeleute zum Dienst in der dänischen Kriegsmarine zu erheblichen, teilweise tumultartigen Unruhen vor allem in der Westerlandföhrer Bevölkerung geführt hatten,[140] und sich die Seefahrer bei einer Hinwendung zum KGH eine Befreiung vom Militärdienst auf der Flotte erhofften – zu Recht, denn die königliche Verordnung vom 2. Juli 1781 sah diese Befreiung für die Walfänger des KGH ja ausdrücklich vor.[141]

Doch auch nachdem der Walfang für den KGH seine einstige Bedeutung verloren hatte, finden wir im Verlaufe des 19. Jahrhunderts unter seinen Kapitänen und Steuerleuten, die mit den Transportschiffen von Kopenhagen aus die Versorgung der grönländischen Kolonien gewährleisteten, zahlreiche Föhringer, und zwar bemerkenswerterweise allesamt aus dem Westteil der Insel Föhr, hier wiederum vorzugsweise aus den Dörfern Oldsum und Süderende im Kirchspiel St. Laurentii.[142] Der letzte Föhrer Kapitän, der in Diensten des KGH stand, war Boy Rickmers (1844-1927) aus Oldsum; 1904 machte er auf der Bark *Ceres* seine letzte Sommerreise nach Grönland.[143]

---

139 Riewerts/Roeloffs 1996: 59ff. und Roeloffs 1999: 30f.
140 Vgl. Nerong 1901, Roeloffs 1977: 87ff., Roeloffs 1978: 104ff., Voigt 1987: 138f., Riewerts/Roeloffs 1996: 62, Falk 1998 und Roeloffs 1999: 30.
141 Bobé 1936: 359, § 14.
142 Riewerts/Roeloffs 1996: 58 und 72.
143 Tving 1944: 106 und Roeloffs 2007: 450.

33. Kapitän Boy Rickmers (1844-1927) aus Oldsum auf Föhr. Er führte für den KGH 1893 und 1896-1903 die Brigg *Tjalfe*, 1894 die Brigg *Hvalfisken*, 1895 die Brigg *Peru*, 1904 die Bark *Ceres* von Kopenhagen nach Grönland.

34. Die Bark *Ceres* im Treibeis der Davisstraße, 7. Juli 1915. Das 1867 in Troense gebaute Schiff von 300,28 BRT machte zwischen 1878 und 1928 78 Reisen nach Grönland, 1904 unter dem Kommando von Boy Rickmers (1844-1927) aus Oldsum auf Föhr.

Dabei entwickelten sich in Oldsum und Süderende in einigen alteingesessenen Familien regelrechte Kapitäns-Dynastien, die über mehrere Generationen hinweg für den KGH fuhren. Das markanteste Beispiel dafür liefert der Kapitän Früd Faltings (1783-1851) aus Oldsum, dem seine Söhne Boy Faltings (1819-1875) und vor allem Volkert F. Faltings (1815-1897) aus Oldsum folgen; dessen Sohn Ernst J. Faltings (1844-1924) aus Oldsum setzt die Familientradition schließlich fort. Zahlreiche bekannte Schiffe des KGH sind eng mit den Namen dieser vier Föhrer Kapitäne verbunden.[144] Zu der Familie im weiteren Sinne gehören auch die drei Brüder von Volkerts Ehefrau Christina geb. Ketels, die KGH-Kapitäne Johann E. Ketels (1826-1904) und Julius A. Ketels (1839-1916) aus Süderende sowie der Steuermann Cornelius H. Ketels (1830-1856) aus Oldsum; letzterer ging 1856 mit Kapitän Friedrich Ocken (1803-1856) aus Borgsum auf der Brigg *Baldur*, einem Transportschiff des KGH, während der Ausreise nach Grönland unter.[145]

144 Riewerts/Roeloffs 1996: 139ff. und Roeloffs 2007: 499ff.
145 Ketels 1990: 11f., 12f. und 14f., Riewerts/Roeloffs 1996: 148 und Roeloffs 2007: 291ff.; vgl. ferner Ketels-Harken 2010: 13ff., 33ff., 42ff., 73ff.

Dass speziell im Westen Föhrs nach der Einverleibung des Herzogtums Schleswig in Preußen im Januar 1867 die politische Grundstimmung der ansässigen friesischen Bevölkerung noch über eine lange Zeit prodänisch und das Verhältnis gegenüber den neuen Herren im Lande, den Preußen, sehr reserviert und vielfach feindselig blieb,[146] hat seine Ursachen sicherlich nicht allein, aber doch zu einem gewissen Teil auch in der engen Ver-

35. Kapitän Volkert Friedrich Faltings (1815-1897) aus Oldsum auf Föhr. Er führte für den KGH 1845 die nur 18,5 CL große Yacht *Mathilde* als Kolonieschiff nach Grönland, 1846-1856 die Brigg *Lucinde*, 1857 die Brigg *Constance* und 1858-1863 die Bark *Nordlyset*.

36. Kapitän Ernst Johann Faltings (1844-1924) aus Oldsum auf Föhr. Er führte für den KGH 1893 und 1901 die Brigg *Peru* sowie von 1894-1900 die Brigg *Lucinde* von Kopenhagen nach Grönland.

bundenheit vieler dort lebender Familien mit dieser urdänischen Institution *Kongelige Grønlandske Handel*. Selbst im März 1920 gab es in der deutsch-dänischen Volksabstimmung über die zukünftige staatliche Zugehörigkeit des Herzogtums Schleswig in drei Dörfern Westerlandföhrs noch dänische Mehrheiten – die einzigen in der Abstimmungszone II.[147]

Auch auf Grönland und Spitzbergen (seit 1925 zu Norwegen gehörig) trifft man in den ehemaligen Kolonien und Walfängerstationen allgegenwärtig auf die Spuren der inselnordfriesischen Seeleute.

---

146 Vgl. Faltings 1988: 65ff., 79ff., 85ff.
147 Vgl. Steensen 1984: 111ff. und Faltings 1988: 93ff.

Ruinen von Behausungen und Trankochereien etc., Grabmäler,[148] Rechnungsbücher, Konfirmationsurkunden[149] und andere schriftliche Dokumente legen darüber vor Ort ein beredtes Zeugnis ab. Sogar in mehreren toponymischen Bezeichnungen Grönlands ist der Name eines Föhrer Kommandeurs oder Kapitäns eingegan-

37. Kapitän Johann Erich Ketels (1826-1904) aus Süderende auf Föhr. Er führte für den KGH von 1872-1875 die Schonerbrigg *Neptunus*, 1876-1878 die Brigg *Hvalfisken*, 1879-1882 die Brigg *Lucinde* von Kopenhagen nach Grönland.

38. Kapitän Julius August Ketels (1839-1916) aus Süderende auf Föhr. Er führte für den KGH 1884 die Brigg *Lucinde* von Kopenhagen nach Grönland, davor zwischen 1860-1883 Steuermann auf zahlreichen KGH-Schiffen.

gen. Noch heute ist auf den Karten Grönlands die *Volquart Boon Kyst* eingezeichnet, benannt nach Volkert Bohn (1734-1800) aus Boldixum auf Föhr, der diesen Küstenstrich am Scoresbysund/Ostgrönland auf 70° 40' nördlicher Breite am 27. Juli 1761 als Kommandeur auf dem niederländischen Walfänger *De Jonge Cornelis* entdeckte.[150] Ähnliches gilt für die „blinde" – d.h. unterhalb der Wasserlinie liegende – Felsenschäre *Faltings Skær* im Fahrwasser zur Einfahrt nach Sukkertoppen (Maniitsoq)/Südgrönland oder *Faltings Havn*, einen traditionellen Ankerplatz in einem kleinen

148 Vgl. Riewerts/Roeloffs 1996: 200.
149 Vgl. z.B. den Auszug aus *Godhavns Ministerialbog* 1783-98, dass der 13-jährige Schiffsjunge Brar Rörden [Broder Booysen] (1773-1854) aus Oldsum am 23. Mai 1790 durch den Missionsgeistlichen Rudolph F. Lassen (1760-1811) in der dänischen Gemeinde Godhavn/Nordgrönland konfirmiert wurde, abgebildet bei Riewerts/Roeloffs 1996: 14.
150 Vgl. Lüden 1989: 42 und Riewerts/Roeloffs 1996: 83, Abb. 24.

Seitenfjord der Insel Eqa-
lunnguit Nunaat (früher:
Rensø, das heißt „Ren-
tiereiland")[151] unmittelbar
südwestlich von Godt-
håb (Nuuk)/Südgrön-
land jenseits des Godt-
håb-Fjords, denen der
obengenannte Kapitän
Früd Faltings (1783-1851)
aus Oldsum auf Föhr

39. Das aus
Eichenholz
gezimmerte
Grabkreuz des
Kapitäns Jacob
Ocken (1775-1822)
aus Oldsum auf
Föhr, Kapitän der
Brigg *Hvalfisken*,
der am 28. Juli 1822
in der nordwest-
grönländischen
Kolonie Ritenbenk
starb und auf dem
dortigen Friedhof
beerdigt wurde,
wo das Grabkreuz
heute noch zu sehen
ist. Die dänische
Inschrift lautet:
„HERUNDER HVILER
SK CAPT. I. OCKE-
SEN, FÖD PAA FØHR,
DØD VED CØL.
RITTENBENK DEN
28. IULI 1823
[recte: 1822!]".

seinen Namen gab,[152] in ersterem Fall aber vielleicht doch eher
sein Sohn Kapitän Volkert F. Faltings (1815-1897) aus Oldsum.

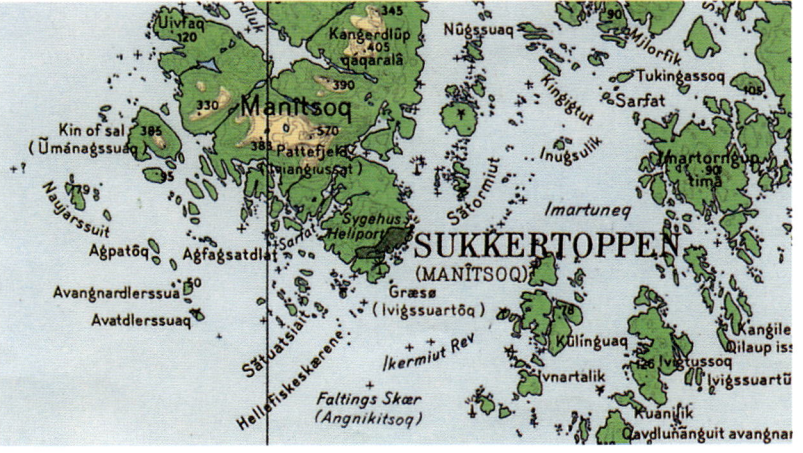

40. *Faltings Skær*
(Angnikitsoq),
eine „blinde"
Felsenschäre im
Fahrwasser zur Ein-
fahrt nach Sukker-
toppen (Maniitsoq);
Ausschnitt aus der
topographischen
Übersichtskarte für
Maniitsoq/Sukker-
toppen 1:250.000,
1992.

---

151 Dieser Seitenfjord heißt *Kangerluluk*, und *Faltings Havn* wird heute in der Sprache der
Inuit *Kangerluluup Umiatsilivia* genannt. An seinem nördlichen Ende befand sich darüber hinaus auf einer 36 m hohen Felsenkuppe ein Seezeichen, das *Faltings Varde* genannt
wurde; ein gleichnamiges Seezeichen begegnet auf einer Felskuppe bei der Siedlung Ny
Herrnhut südlich von Godthåb; vgl. die Karte *Grönlands Vestkyst. Indløbene til Godthaabs-Fjord* 1:80.000, 1913 - Ein älterer Name für *Faltings Havn* war *Harbour of Hope*,
so benannt von dem englischen Seefahrer James Hall († 1612), der hier auf seiner vierten
und letzten Grönlandfahrt am 27. Mai 1612 ankerte. In mehreren älteren dänischen Quellen wird der Liegeplatz auch als „*en gammel Hollænderhavn*" (alter Holländerhafen) bezeichnet; vgl. *Grønland i Tohundredaaret for Hans Egedes Landing* 1921: 2,182 u. 271.
152 *Grønland i Tohundredaaret for Hans Egedes Landing* 1921: 2,283.

41. Faltings Havn, traditioneller Ankerplatz in einem Seitenfjord der Insel Eqalunn-guit Nunaat eben südwestlich von Godthåb (Nuuk) auf der anderen Seite des Godthåb-Fjords; Ausschnitt aus der Karte Grönlands Vestkyst. Indlöbene til Godthaabs-Fjord 1:80.000, 1913.

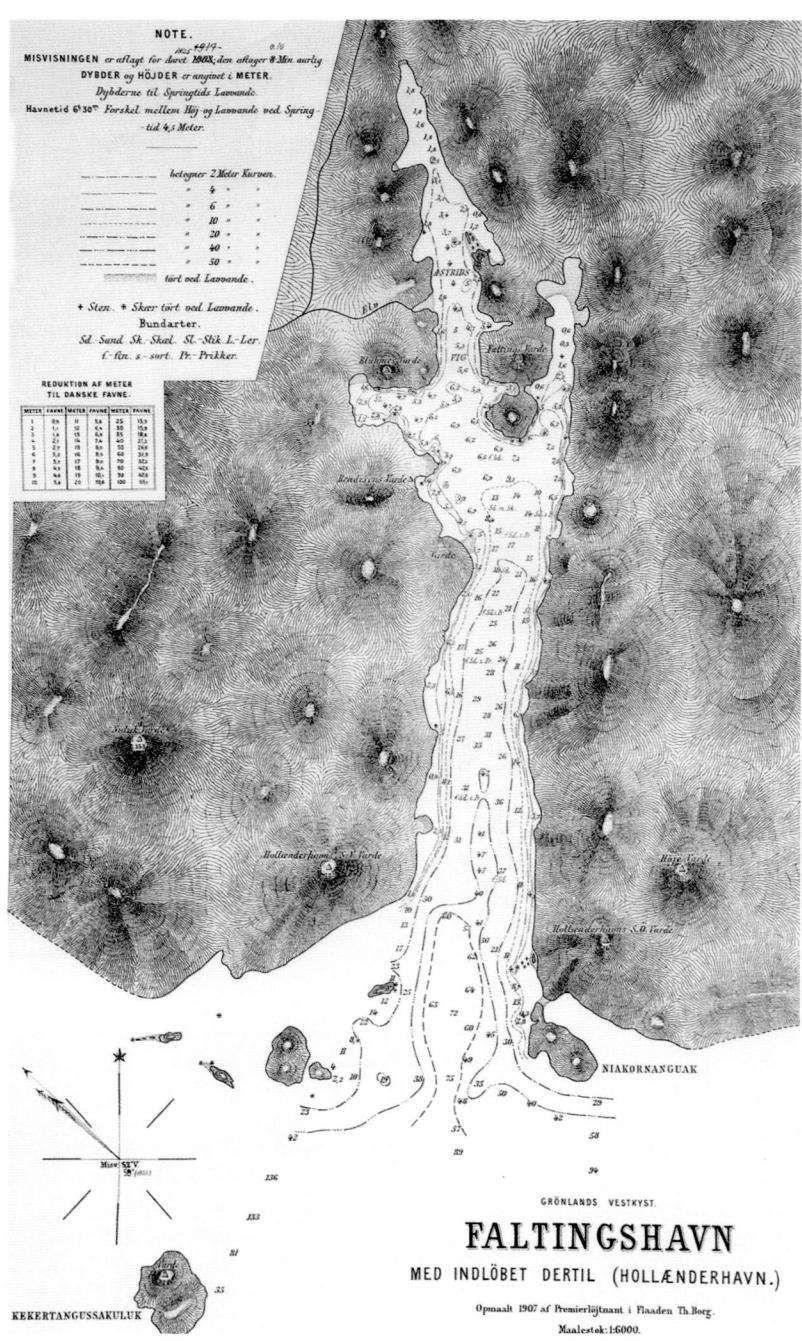

4. Hierarchie und Arbeitsverteilung an Bord eines Grönlandfahrers

4.1. Besatzung eines Grönlandfahrers

Grundsätzlich muss man zwischen drei Typen von Grönlandfahrern unterscheiden. Zunächst gab es die Fangschiffe, die ausschließlich für den Fang und die Verarbeitung der erbeuteten Wale ausgerüstet waren. Darüber hinaus begegnen Schiffe, die vorzugsweise auf Robbenschlag ausfuhren sowie Schiffe, die für den Handel und die Versorgung der grönländischen Kolonien bestimmt waren. Bis zum Ende des 18. Jahrhunderts waren es fast ausschließlich die reinen Fangschiffe, die jedes Jahr in die arktischen Gewässer aufbrachen. Als die Walbestände jedoch stark abnahmen, konzentrierten sich die Walfänger, wie bereits in den vorigen Kapiteln erwähnt, zunehmend auf den Robbenschlag, wobei erst später speziell für diesen Zweck ausgelegte Schiffe aufkamen. Mischformen dieser drei Typen hat es allerdings über die gesamte Zeit der Grönlandfahrt gegeben. Hierbei muss man auch bedenken, dass der Robbenschlag zeitlich sehr begrenzt war, denn die Beute bestand hauptsächlich aus den auf den Eisschollen liegenden Jungtieren. Diese werden im März geboren und über einige Wochen von den Muttertieren gesäugt. Oft widmeten sich viele Walfänger erst dem Robbenschlag, bevor sie sich dem eigentlichen Walfang zuwandten. Dabei stellte man auch anderen Meeressäugern nach, wenn sich die Gelegenheit dazu bot, wie etwa den Walrössern und „Einhörnern" (Narwalen) und sonstigen Kleinwalen, den erstgenannten wohl hauptsächlich ihres Elfenbeins wegen, darüber hinaus aber vor allem den Eisbären, deren Fell immerhin zwei bis vier dänische Reichstaler einbrachte. Vor diesem größten Landraubtier der Erde musste man ohnehin allgegenwärtig auf der Hut sein, und Übergriffe von Eisbären, die von dem Fleischgeruch der erbeuteten Tiere angelockt wurden, ja, selbst Attacken auf die im Wasser treibende Schaluppe mit ihrer Besatzung begegneten durchaus nicht selten. Zur Abwehr der

73

42. Modell einer
Grönländischen
Schaluppe.

meist unverhofft auftauchenden Raubtiere befanden sich in der
Regel mehrere großkalibrige Kugelbüchsen an Bord.[153]

Die Schiffe, die speziell auf Fangfahrt gingen, zeichneten sich
durch eine hohe Besatzungsstärke aus. Ein Fangschiff zählte für
gewöhnlich sechs Beiboote, sogenannte Schaluppen (vgl. Kap.
5.2.), von denen aus der eigentliche Fang betrieben wurde.[154] Die
hohe Besatzungsstärke erklärt sich dadurch, dass diese Schaluppen meist mit sechs Mann besetzt waren, dem Harpunier als
Anführer am Vordersteven, den vier Ruderern und dem Steuerer.
Der einzunehmende Platz in der Schaluppe wurde den einzelnen Besatzungsmitgliedern einer Schaluppe noch vor Erreichung
der Fanggründe durch Los zugewiesen und dabei jede Schaluppe
mit Harpunen, einer Lanze und einem Kappmesser ausgerüstet
sowie mit sieben Fangleinen aus bestem Hanf zu 120 Faden (1
Faden = 1,85 m) Länge, die vom *Lienschießer* jeweils in das hintere und vordere *Lienhock* sorgfältig eingeschossen (d.h. aufeinander gelegt) werden. Der einmal eingenommene Platz in der

153 Posselt 1796: 30, Lindeman 1869: 70, Oesau 1937: 30f. und Quedens 2002: 73f.
154 Münzing 1978: 13.

Schaluppe wurde für die gesamte Fahrt beibehalten. Am ersten Riemen saß der Lienschießer, der das Ablaufen und Einholen der Fangleine überwachte. Eine besondere Bedeutung kam ferner dem Steuerer zu, der das Boot mit einem Riemen lenkte, wozu große Erfahrung und Geschicklichkeit erforderlich war. Beide, der Lienschießer und der Steuerer, achteten akribisch darauf, dass die an einem Wal festgeschossene Leine vorne über den Steven lief und nicht über die Seite, da hierbei die Schaluppe leicht kentern konnte.[155]

Die Besatzung und Mannschaftshierarchie eines Fangschiffes soll in folgender Tabelle verdeutlicht werden.[156] Es handelt sich hier zwar um die Musterrolle des Brunsbütteler Walfängers *Einigkeit von Brunsbüttel* von 1821, aber auch auf Schiffen des KGH war die Besatzung gleich oder doch ähnlich zusammengesetzt, denn die Arbeit auf den Fangschiffen war überall dieselbe.

	Rang	Name	Herkunft
1.	*Kommandeur*	*Boye Boysen*	*Föhr*
2.	*Steuermann*	*Hinrich Rickmers*	*Föhr*
3.	*Speckschneider*	*Nickels Nickelsen*	*Föhr*
4.	*Bootsmann*	*Olof Ocken*	*Föhr*
5.	*Partenier*	*Volkert Volkertsen*	*Föhr*
6.	*Partenier*	*Peter Rolfs*	*Föhr*
7.	*Partenier*	*Hinrich Krohn*	*Crempe*
8.	*Oberküper*	*Johann Gebert*	*Brunsbüttel*
9.	*Schimmann*	*Nanning Volkertsen*	*Föhr*
10.	*Halber Partfahrer*	*Nanning Dierks*	*Föhr*
11.	*Halber Partfahrer*	*Johann Peter*	*Marne*
12.	*Halber Partfahrer*	*Nahmen Olofs*	*Föhr*
13.	*Halber Partfahrer*	*Hinrich Oelerich*	*Brunsbüttel*
14.	*Halber Partfahrer*	*Johann Mayer*	*Eddelak*
15.	*Halber Partfahrer*	*Hans Gebert*	*Brunsbüttel*
16.	*Koch*	*Paul Peters*	*Brunsbüttel*
17.	*Viertel Partfahrer*	*Martin Kruse*	*Hannöversche*

155 Martens 1675: 111f., Posselt 1796: 17, Lindeman 1869: 21 und Brinner 1913: 33f. und 37.
156 Oesau 1937: 77ff.

18.	Viertel Partfahrer	Peter Lau	Neufeldt
19.	Viertel Partfahrer	Cornils Brodersen	Föhr
20.	Viertel Partfahrer	Harm Behrens	Hannöversche
21.	Viertel Partfahrer	Barteld Ehlers	Brunsbüttel
22.	Viertel Partfahrer	Claus Uppel	Heiligenstädten
23.	Viertel Partfahrer	Jacob Oelerich	Elmshorn
24.	Viertel Partfahrer	Rickmer Nickelsen	Föhr
25.	Viertel Partfahrer	Danklef Ocken	Föhr
26.	Viertel Partfahrer	Hartwig Ehlers	St. Margrethen
27.	Viertel Partfahrer	Johann Behrens	Hannöversche
28.	Unterküper	Hinrich Holler	Brunsbüttel
29.	Matrose	Jacob Jürgens	Föhr
30.	Matrose	Wögen Hayens	Föhr
31.	Matrose	Franz Schlecht	Kronpr. Koog
32.	Matrose	Jacob Schuldt	Brunsbüttel
33.	Matrose	Volkert Knuten	Föhr
34.	Matrose	Casper Schmidt	Föhr
35.	Matrose	Tönnis Steffens	Süderau
36.	Matrose	Jacob Kaufmann	Colmar
37.	Matrose	Hinrich Fahr	Hamburg
38.	Matrose	Johann Lagemann	Hannöversche
39.	Matrose	Johann Wulf	Kronpr. Koog
40.	Matrose	Claus Schell	Rethwisch
41.	Oberzimmermann	Jacob Schenkel	Glücksstadt
42.	Arzt	J. H. L. Hercules	Braunschweig
43.	Unterzimmermann	Diederich Lienau	Glücksstadt
44.	Lootse	Johann Hoeß	Blankenese
45.	Matrose	Hans Böh	Wesslingburen
46.	Matrose	Christoph Wämling	Brunsbüttel
47.	Matrose	Claus Ladewig	Föhr
48.	Matrose	C. Kalazky	Eddelak
49.	Matrose	Johann Mohrwinkel	Brunsbüttel
50.	Kochsmaat	Christian Nickelsen	Föhr
51.	Kajütwächter	Olof Volkertsen	Föhr

Beim Betrachten der Musterrolle fällt auf, dass ein großer Teil, nämlich 37% der Besatzung von der Insel Föhr stammte, und das zu einer Zeit, als es bereits mit den Fängen bergab ging. Gerade in den höheren Offiziersrängen sind verhältnismäßig viele Föhrer zu finden. Noch im Vorjahr waren auf demselben Schiff gerade einmal zwei Föhrer zusammen mit dem Kommandeur Boy Bohn [Boy Boysen] (1762-1843) aus Alkersum (später Nieblum) auf Föhr gefahren. Die Mannschaftsaufstellung hatte bis dahin in Händen der Brunsbütteler Reederei gelegen, und es zeigte sich, dass das bunt zusammengewürfelte Schiffsvolk offenbar wenig Erfahrung besaß und wohl auch wenig aufeinander eingespielt war, was sich schließlich in dem äußerst mäßigen Erfolg dieser Reise niederschlug. Das mag die Reeder dazu bewogen haben, Boy Bohn fortan zu ermächtigen, sich selbst nach *„erfahrenen und kundigen Leuten"* umzuschauen, denn man sei *„zu diesen Chargen kein Freund von den Jungen Kerls ohne Erfahrung, die an zu zittern fangen, wenn sie beim Fisch kommen"*.[157] Bei der Auswahl „seiner" Mannschaft berücksichtigte im Übrigen auch Boy Bohn vorzugsweise Bekannte, Nachbarn und Verwandte aus seinem näheren dörflichen Umfeld, deren Eignung er aus eigener Anschauung beurteilen konnte, darunter seinen Schwager Volkert Volkerts (1772-1845) aus Boldixum auf Föhr, den er als „Partenier" am Fang beteiligte. An diesem Beispiel wird deutlich, dass auch zu damaliger Zeit Teamgeist, Teamfähigkeit und die soziale Geschlossenheit einer Mannschaft eine grundlegende Voraussetzung für den Erfolg einer Reise darstellten oder diesen zumindest doch begünstigten.

In dieser Musterrolle erscheinen neben dem Kommandeur, dem Steuermann, dem Speckschneider und dem Bootsmann drei Ränge, die nicht näher spezifiziert, sondern nur durch die etwas ungenaue Bezeichnung „Partenier" beschrieben werden. Hierbei handelt es sich um die drei Harpuniere, deren Gage wie die der „Halben und Viertel Partfahrer" am Erlös der erbeuteten Wale ausgerichtet ist (vgl. Kap. 4.4.). Von den übrigen Offizieren fungierten im Bedarfsfall auch der Steuermann, der Speckschneider

---

157 Zitiert nach Oesau 1937: 80.

43. Dangers of the Whale Fishery – Gefahren des Walfangs; zeitgenössischer Stich aus dem Vorsatz von W. Scoresby, *An Account of the Arctic Regions, with a History and Description of the Northern Whale Fishery*, 1820, Bd. 2.

und der Speckschneidermaat als Harpunier, wenn es galt, alle sechs Schaluppen einzusetzen.[158] Von der Erfahrung des Harpuniers hing im Wesentlichen der Erfolg der Reise ab. Er war es, der die Mannschaft in den Schaluppen dirigierte, die Harpune im geeigneten Augenblick in den Wal schleuderte sowie nach dem Ermatten des Wals diesen durch einen beherzten und gezielten Stich mit einer eigens dafür mitgeführten langen Lanze in Herz oder Lunge tötete. Dieses war der wohl gefährlichste und entscheidendste Augenblick des gesamten Fangvorganges, denn gelang dem Harpunier der finale Stich nicht auf Anhieb, konnte das zu Tode verwundete Tier in einem letzten Aufbäumen die Schaluppe mit einem einzigen Schlag seiner riesigen Fluke zertrümmern und viele ihrer Insassen in den sicheren Tod schicken.[159] Das erklärt im Weiteren seinen hohen Rang als Offizier, den er in der Mannschaftshierarchie einnahm, und das Vertrauen und den Respekt,

---

158 Posselt 1796: 14.
159 Posselt 1796: 22f.

den ihm jeder an Bord entgegenbrachte, ja, nicht selten war es einer der erfahrensten Harpuniere, der zumindest während der eigentlichen Fangzeit in den arktischen Gewässern als sogenannte „graue Eminenz" neben oder noch vor dem Kommandeur den Ton an Bord angab. Die Bedeutung des Harpuniers spiegelte sich darüber hinaus in seiner gehobenen Bezahlung wieder (vgl. Kap. 4.4.).

Auch die Verarbeitung des Fangs, die unter den damaligen Umständen aufgrund der Größe und Masse der Beute kein einfaches Unterfangen darstellte, erforderte einen erhöhten Personalaufwand. Diese schwere und schmutzige Arbeit lag in den Händen des Speckschneiders und des Speckschneidermaats, zweier Offiziersränge, die man nur auf den Fangschiffen antrifft. Demnach zählte ein Walfänger nach Posselt[160] in der Regel insgesamt sieben Offiziere:

Kommandeur	1. Harpunier
Steuermann	2. Harpunier
Speckschneider	3. Harpunier
Speckschneidermaat	

Aus den unteren Mannschaftsrängen hoben sich aufgrund ihrer speziellen Tätigkeit oder Verantwortung der Schiemann, dem die Aufsicht über die Fischereigerätschaften oblag, ferner der Bootsmann in seiner Zuständigkeit für das Tau- und Segelwerk sowie der Schiffszimmermann und der Küper heraus, nicht zuletzt auch im Hinblick auf ihre höhere Gage.[161]

Eine besondere Stellung nahm – sofern man einen solchen überhaupt an Bord hatte und der Kommandeur die medizinische Versorgung des Schiffsvolks nicht selbst versah[162] – der Chirurgus ein, wenngleich es sich dabei nur selten um einen akademisch

---

160 Posselt 1796: 14; die Angaben bei Brinner 1913: 14 sind m.E. falsch.
161 Posselt 1796: 14.
162 Schirren/Schulze 1984: 67.

vorgebildeten Mediziner handelte, eher um eine Art Bader oder Wundarzt mit zusätzlichen Kenntnissen im Zähneziehen oder Knochenbrechen. Seine Bezahlung war daher nur mäßig und reichte anfangs kaum an die der Bishergenannten heran.[163] Die Position des Schiffschirurgen, die sich im 18. Jahrhundert noch eher im unteren Bereich der Mannschaftshierarchie – um nicht zu sagen, außerhalb derselben – bewegte, hatte zwar in Dänemark seit 1736 durch eine verbesserte chirurgische Ausbildung an einer eigens in Kopenhagen eingerichteten Chirurgenschule *Theatrum anatomica-chirurgium* eine allmähliche Aufwertung erfahren,[164] doch erst im Laufe des 19. Jahrhunderts stieg der Schiffsarzt in den Rang eines Schiffsoffiziers auf. Die Aufgaben eines Chirurgus auf den Schiffen des KHG waren durch eine „Instruction" der Direktion vom 9. April 1783 geregelt.[165] In den Mannschaftslisten des 19. Jahrhunderts fehlt ein Chirurg fast durchgehend. Für medizinische Notfälle griff man allein auf die mitgeführte Bordapotheke – einen kleineren hölzernen Kasten mit den nötigsten Medikamenten, Verbandsmaterialien und verschiedenen Instrumenten – zurück, deren Benutzung unter der Aufsicht des Kommandeurs bzw. Kapitäns stand. Einige Schiffsführer haben sich dieser Aufgabe sehr gewissenhaft gewidmet, wie etwa die ungewöhnlich detaillierten und sachkundigen Eintragungen des Kommandeurs Christian Erken (1813-1872) aus Nebel auf Amrum in ein 1850 auf Grönland geführtes Journal erkennen lassen.[166]

Die gezielte Fangfahrt auf Seehunde, Robben und Walrösser hatte auf Föhr dagegen nur eine geringe Bedeutung. Im Gegensatz zum Walfang mussten für eine erfolgreiche Jagd nicht mehrere Schaluppen bemannt werden. Oft wurden nur zwei Schaluppen ausgesetzt, die die Schläger zu den Robbenfeldern brachten.[167] Es

---

163 Oesau 1937: 276f., Roeloffs 1997: 7f.
164 Larsen 1968: 26f.
165 Zu den Bestimmungen im Einzelnen vgl. Roeloffs 1997: 17.
166 Erken 1850: 127ff., Nr. 1-33.
167 Oesau 1937: 28.

44. Der Kommandeur Christian Erken (1813-1872) mit seiner Familie aus Nebel auf Amrum. Er führte die Brigg *Albania* von Elsfleth 1845-1846, die Brigg *Nordstern* von Kiel 1847-1854 und die Brigg *Alliance* von Elsfleth 1855–ca. 1860.

fehlten Harpuniere und Speckschneider. Für diese Jagd mussten die Beiboote auch nicht schnell sein, denn es war nicht notwendig, sie mit vielen Riemen zu besetzen. Zudem gestaltete sich die Verarbeitung des Fanges weniger aufwändig. Folglich war für die speziellen Robbenfänger eine geringere Besatzungsstärke erforderlich. Diese dürfte wie auf den konventionellen Handelsschiffen der damaligen Zeit bei 20 bis 25 Mann gelegen haben, also etwa der Hälfte der Besatzung der Schiffe, die für den Fang und für die Verarbeitung von Walen ausgerüstet waren.

4.2. Die Rolle des Schiffsführers

Der Schiffsführer wird im europäischen Sprachgebrauch für gewöhnlich Kapitän genannt. Etymologisch lässt sich der Ursprung des Wortes *Kapitän* aus dem Lateinischen ableiten. Nach lat. *caput* 'Haupt' bedeutet lat. *capitaneus* 'Anführer'.[168] Die Bezeichnung stammt ursprünglich aus dem militärischen Wortschatz und wurde erst zu Beginn des 18. Jahrhunderts auf die Handelsschifffahrt übertragen. Damit gerieten die bis dato gängigen Bezeichnungen

---

168 Claviez 1994: 181.

81

45. Zeitgenössischer Holzschnitt des 16. Jahrhunderts, in dem der Wal in Anlehnung an das alttestamentliche Seeungeheuer *Leviathan* noch als menschenverschlingendes Monster dargestellt wird. Der Trompetenspieler auf dem Puppdeck versucht die beiden Ungeheuer mit seiner Musik zu besänftigen – offenbar eine Anspielung auf die griechische *Arion*-Legende –; andere lenken sie ab, indem sie Fässer über Bord werfen.

Schiffer oder engl. *Master* in allen europäischen Sprachen außer Gebrauch.[169] Für den Kapitän eines Walfangschiffes wurde dagegen häufig die Bezeichnung *Kommandeur* gewählt. Fand diese Bezeichnung anfänglich ausschließlich Anwendung auf holländischen Fangschiffen, wurde sie später auch in anderen Seefahrtsnationen gebräuchlich, besonders auf dänischen und hanseatischen Schiffen. Warum sich diese Bezeichnung nur im Walfang durchgesetzt hat und nicht auf die Handelschifffahrt übertragen wurde, ist nicht ganz klar. Aber gerade diese Tatsache lässt einen besonderen Status des Walfangkommandeurs vermuten. Der Walfang war schon immer ein hartes und risikoreiches Unternehmen gewesen, vor allem in der Pionierzeit der niederländischen Grönlandfahrt nach Spitzbergen im 17. und 18. Jahrhundert. Eine gesonderte Bezeichnung, die sich von den Schiffsführern anderer Schifffahrtszweige abhebt, lässt auf einen gewissen Respekt dieser Männer in der Seefahrt schließen. Ein Klischeebild, das bei der Begriffsfindung von Anbeginn eine zentrale Rolle gespielt haben mag, ist das schon aus der Antike aus vielen Mythen und Legenden bekannte Motiv der Konfrontation zwischen

---

169 Witt 2001: 7ff.

Tier bzw. Ungeheuer und Mensch,[170] dem nur ein ebenso kühner wie gewiefter Schiffsführer gleich einem kampferprobten militärischen Befehlshaber – einem *Kommandeur* – gegegnen konnte. Auch das alttestamentliche Meeresungeheuer *Leviathan*[171] dürfte zahlreichen Seefahrern der frühen Neuzeit beim Anblick eines Wals in den Sinn gekommen sein und sie in Angst und Schrecken versetzt haben, wie noch im 16. Jahrhundert zeitgenössische Darstellungen zeigen. Selbst C.F. Posselt, der sonst einen ganz vorzüglichen Bericht über den zeitgenössischen Walfang des 18. Jahrhunderts liefert, spricht noch 1795 von einem Wal als einem „Seeungeheuer" und er erhöht den Walfang zu einem mannhaften Duell mit den Naturgewalten, indem er dem Wal beinahe menschliche Eigenschaften eines ebenbürtigen, listenreichen Gegners und Feindes zukommen lässt.[172] Roeloffs gibt dagegen ein besonderes Privileg als Grund an. Um den Walfang zu fördern, sei es den Walfängern erlaubt gewesen, die Kriegsflagge zu führen, womit diese den Kriegsschiffen gleichgestellt gewesen sein sollen. Damit hätten die Schiffsführer gleichermaßen den militärischen Rang des Kommandeurs zuerkannt bekommen.[173] Dass dabei damals auch schon die Durchsetzung eines Monopols und gewisse Territorialfragen in den arktischen – insbesondere grönländischen – Gewässern eine Rolle gespielt haben dürften, ist unter Kap. 3.2. bereits erläutert worden.

Das Bild des Kapitäns ist durch die Literatur von jeher mit einem starken Topos behaftet, wobei aber doch jüngere wissenschaftliche Arbeiten – wie zum Beispiel Jan Markus Witts Abhandlung *Master next God?* – mit dem allgegenwärtigen Klischeebild des Kapitäns aufräumen. Dass der Handelskapitän in der Seefahrtsgeschichte eine von den Stereotypen abweichende Lebenswirklichkeit in der Seefahrt besaß, dürfte klar sein. Wie

---

170 Barthelmeß/Münzing 1991: 1,11ff. und Ellis 1993: 43ff.; vgl. ferner Barthelmeß 1982: 13f. und Steffen 2010: 22ff.
171 Vgl. Psalm 74,14 und 104,26, ferner Jesaia 27,1 und Hiob 3,8.
172 Posselt 1796: 17ff.
173 Roeloffs 1983: 237f.

sah jedoch speziell seine Rolle an Bord eines Walfangschiffes der damaligen Zeit aus?

Markus Witt unterscheidet zwischen den nautisch-administrativen und den ökonomisch-kaufmännischen Aufgabenbereichen des Kapitäns bzw. Kommandeurs. Die nautisch-administrativen Aufgaben umfassen die Auswahl und Musterung der Besatzung.[174] Da die Auswahl einer qualifizierten Besatzung für eine sichere Reise von hoher Bedeutung war, lag sie beim Schiffsführer. Auch die Föhrer Kommandeure heuerten in aller Regel ihre Besatzung direkt im näheren Umfeld ihres Heimatortes, wie an dem obengenannten Beispiel schon verdeutlicht wurde. Diese Befugnis stattete den Kommandeur mit einer gewissen Macht aus, denn er konnte über die Zusammensetzung seiner Mannschaft bestimmen, was ihm an Bord wohl einen gewissen Respekt einbrachte. Auf die Rolle des Heuerns wird später noch genauer eingegangen.

Die ökonomisch-kaufmännischen Aufgabenbereiche sind vertraglich zwischen dem Reeder und dem Kommandeur geregelt oder im Seerecht festgehalten. Diese beinhalten größtenteils den Umgang mit der Ladung, die Eigentumsverhältnisse daran und die Verantwortlichkeit dafür. Dieser rechtliche Aufgabenbereich des Kommandeurs liegt somit in erster Linie in seinem Verhältnis zu seinem Reeder begründet, wobei er in dessen Auftrag handelt.[175] Die reinen Fangschiffe waren am Erfolg der Reise orientiert, wobei gleichwohl akribisch vor Beginn der Reise festgehalten wurde, in welcher Form und Höhe die Bezahlung bzw. die Beteiligung am Fang zu erfolgen hatte.[176] Die ökonomischen Aufgabenbereiche eines Grönlandkommandeurs wurden erst komplexer, als sich das Aufgabenfeld auf den Handel mit den arktischen Kolonien und deren Versorgung ab der ersten Hälfte des 19. Jahrhunderts ausweitete.

---

174 Witt 2001: 44f.
175 Witt 2001: 36ff.
176 Oesau 1937: 77ff.

Die Tatsache, dass der Kommandeur die einzige Person an Bord war, die direkt im Auftrag des Reeders handelte, wird ihm an Bord bei der übrigen Besatzung zwar einen gewissen Respekt verschafft haben, jedoch war auf einer sechsmonatigen Reise der Reeder weit weg und für längere Zeit nicht erreichbar. Außer Frage steht, dass die Beherrschung eines größeren Segelschiffes ein hohes Maß an Koordination bedingt sowie über das bloße „Fahren" des Schiffes hinaus ein hohes Maß an Organisation, denn ein Holzschiff der damaligen Zeit war wartungsintensiv und über eine längere Zeit von der Zivilisation abgeschnitten. Koordination und Organisation setzten daher ein hierarchisches System voraus, und eine stramme Hierarchie lässt sich nur durch Disziplin und eine gewisse Ordnung aufrechterhalten. Aber woher nahm der Kapitän bzw. Kommandeur den nötigen Respekt und die nötige Durchsetzungskraft dafür?

Viele Ansätze gehen dabei von einer Vormachtsstellung des Schiffsführers aus, begründet durch sein Alter und seine Erfahrung. Ulrich Welke sagt, ein Schiffer (Kapitän) habe über ein jahrelang gesammeltes kollektives Wissen von Seeleuten verfügt und seine Vormachtsstellung sei vor allem nach dem Prinzip der Anciennität, d.h. durch die Anzahl seiner Berufsjahre auf See, begründet worden.[177] 1795 betrug das Durchschnittsalter Föhrer Kommandeure und Kapitäne jedoch nur 33 Jahre, wobei diese durchschnittlich mit 28 Jahren befördert wurden, und Fälle, in denen Föhrer Kommandeure weniger als 25 Jahre zählen, sind keineswegs selten. Im selben Jahr 1795 lag das Durchschnittsalter der Steuerleute ebenfalls bei 28 Jahren.[178] Das auffällig niedrige Lebensalter mancher Föhrer Kommandeure und Steuerleute erklärt sich unter anderem dadurch, dass die Betreffenden in aller Regel schon im zarten Alter von 11-12 Jahren als Decks- oder Kajütsjungen mit auf Grönlandfahrt gingen und daher sowohl den Bordalltag eines Walfängers als auch den Fangbetrieb in den

---

177 Welke 1997: 11ff.
178 Nach einer Tabelle bei Witt 2001: 249.

46. Grabstein des weit über Föhr hinaus bekannten Grönlandkapitäns Früd Faltings (1783-1851) aus Oldsum auf Föhr, der von 1817-1839 verschiedene Transportschiffe des KGH befehligte (Roeloffs 2007: 499f.). Die Bekrönung der Grabstele zeigt einen Oktanten und ein Fernrohr als Symbole seiner Kapitänswürde. Die Korngarbe im Hintergrund soll ausdrücken, dass Früd, nachdem er die Seefahrt 1840 bedankt hatte, wie viele andere Föhrer Kapitäne auch ein erfolgreicher Landwirt war.

arktischen Gewässern von Kindesbeinen an detailliert kannten und in seinen Abläufen frühzeitig beherrschten.[179] Außerdem besuchten viele von ihnen bereits im Vorkonfirmandenalter die im Winter gehaltenen Föhrer Navigationsschulen, für die es keine festgelegte Altersbeschränkung gab und deren Besuch kaum ein nennenswertes Schulgeld erforderte (vgl. Kap. 2.2.), so dass ein Grönlandfahrer von 20 Jahren in der damaligen Zeit de facto schon als „alter Hase" gelten konnte, der sich überdies die nötigen navigatorischen Grundkenntnisse angeeignet hatte, um ein Walfangschiff zielsicher an den Ort seiner Bestimmung zu führen. Das unterstreicht noch einmal den hohen Standard der privaten Föhrer Seefahrtsschulen im 18. und 19. Jahrhundert. Diejenigen mit den meisten Berufsjahren auf See und der meisten Erfahrung waren dagegen häufig in anderen Positionen anzutreffen, etwa bei den Harpunieren, Bootsleuten oder den befahrenen Matrosen. Zumindest für die Grönlandfahrt ist Welkes Aussage deshalb nicht oder nur eingeschränkt zutreffend.

Die Rechtfertigung für die Vormachtsstellung des Schiffsführers muss dementsprechend anderenorts zu suchen sein, denn eine solche Position allein aus traditionellen Gründen heraus ist kaum vorstellbar. Auch Welke kommt zu dem Schluss, dass die Behauptung, die Herrschaft des Kapitäns über sein Volk sei in alten Traditionen der Seefahrt verankert gewesen, historisch nicht zu belegen sei.[180] Ferner nennt er die Kenntnis der wissenschaftlichen Navigation als eine Grundlage für die soziale Orientierung an Bord. Er sagt, durch diese habe sich der Kapitän vom gemeinschaftlichen Fundus des seemännischen Erfahrungswissens abheben können, wobei sich die Inszenierung nautischer Observationen hervorragend dazu geeignet habe, „Macht in Bilder von Stärke zu verwandeln".[181] Diese These wird auch durch zahlreiche zeitgenössische Kapitänsportraits unterstützt, in der sich diese häufig mit Oktanten und nautischem

179 Jens Jacob Eschels beschreibt sehr eindrucksvoll seine erste Grönlandreise als 11-jähriger; vgl. Eschels 2006: 27ff.
180 Welke 1997: 21.
181 Welke 1997: 172ff.

Besteck darstellen ließen. Auch auf Grabsteinen von Kapitänen wurden diese als Sinnbild ihrer Tätigkeit und Stellung benutzt. Der Oktant und später der Sextant sind nicht umsonst zu Herrschaftssymbolen in der Seefahrt geworden.

Zur Grundlage des Erfolges einer Fangreise gehörte, dass das Schiff überhaupt erst zu den Fanggründen gelangte und von diesen auch wieder den sicheren Weg zurück in die Heimat fand. Hierfür waren fundierte Kenntnisse in der Navigation notwendig, denn nachdem die europäischen Küsten Skandinaviens und Englands außer Sicht kamen, war man zu astronomischen Beobachtungen und einer aufwändigen Koppelnavigation gezwungen. Auch in den Fanggebieten selbst, die gerade in den Anfangsjahren extrem dünn besiedelt und wenig erforscht waren, fehlten nicht selten markante Punkte für einfache Positionsbestimmungen, wobei auch die Seekarten an Darstellung und Genauigkeit zu wünschen übrig ließen. Zwar ließen viele Kommandeure die Navigation von ihren Steuerleuten ausführen, überprüften dieselben jedoch und waren letztlich dafür verantwortlich, wie aus den Schiffsjournalen ersichtlich ist. Der Kommandeur wurde also vor allem dazu

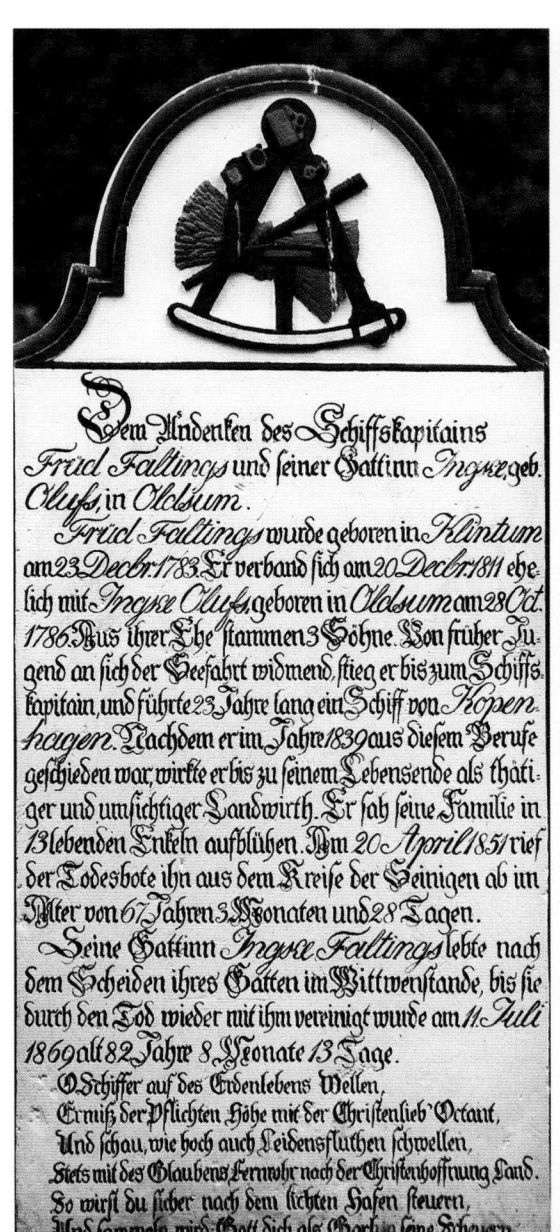

87

benötigt, um zu den Fanggründen zu gelangen. Dort angekommen, waren es nicht selten andere, die für den Erfolg der Reise wichtig waren. Das konnte zum Beispiel ein lange befahrener Harpunier sein, der die Wale ausfindig machte und den Fang koordinierte. Auch Jens Jacob Eschels (1757-1842) erwähnt immer wieder die Notwendigkeit der Navigation für die Führung eines Schiffes:

„Auch rathe ich dir vor allen Dingen: lerne die Navigation oder Steuermannskunst, und wenn du diese gelernt hast und dich dabei gut aufführst, dann kannst du ziemlich gewiß annehmen, daß du einst Steuermann und Capitain wirst, und vielleicht früher, als du denkst oder hoffen kannst; eben so wie es mir gegangen.“[182]

An einer anderen Stelle wird die Bedeutung der Navigation für Eschels deutlich, als er in missbilligender Weise von einem Kommandeur berichtet, der aufgrund mangelnder navigatorischer Kenntnisse ihn nicht gehen lassen wollte, da er ihn – der die Föhrer Navigationsschule erfolgreich besucht hatte – für die Navigation nicht missen mochte, obwohl er zu diesem Zeitpunkt erst als Vollmatrose fuhr.[183]

---

182 Eschels 2006: 15.
183 Eschels 2006: 111ff.

Viele Quellen beweisen, dass die Kommandeure nicht immer – wie vermutet – ihre Anweisungen in Eigenregie getroffen haben. Vielmehr haben sie oft einen sogenannten Schiffsrat einberufen, wenn es um wichtige Entscheidungen ging. Hierbei ging es meist um die Schiffssicherheit oder um Anordnungen, die in direkter Weise den finanziellen Erfolg der Reise beeinflussen konnten. Zum Schiffsrat einberufen wurden nur die Partfahrer, diejenigen Besatzungsmitglieder, die direkt am Fangergebnis beteiligt waren. Dabei handelte es sich fast durchgehend um die Schiffsoffiziere. Der Grönlandkommandeur Adrian Dircks alias Ocke Erken (1753-1794) aus Oldsum (später Wrixum) auf Föhr vermerkt in seinem Journal am 13. Dez. 1781, als viele der Besatzungsmitglieder krank daniederlagen, die Wasservorräte sich dem Ende zuneigten, es aufgrund der Jahreszeit die meiste Zeit dunkel war und schlechtes Wetter herrschte, erst die Mannschaft und dann die Offiziere einberufen zu haben, um sich über den weiteren Verlauf der Reise zu beraten. Er schreibt:

> *„Ließ ich der Manschaft welche gesondt war alle auf Deck roffen und Weiter mit meine offieciers rath so halten, da ich vorher ihren willen und verlangen woll bekannt war, Doch so fragen, waß so thun stünde, weil wir nun Landt bekommen kan. Fragten mir ob ich daß Landt kente und ob hafen da sein werde, wor auf ich ihnen so Erkennen gab, daß wir Balsz Raffier in Ley voraus hette, alwo auch ein Collennie ist, worauf sie alle mit ein ander sagten den Ersten hafen oder Neheste ist uns der beste.“*[184]

Danach lässt er die Entscheidung im Schiffsjournal von den Offizieren unterschreiben. Der Vermerk im Journal und die Bestätigung der Offiziere zeugen auch von der offiziellen Bedeutung der Einberufung. Ferner sind sie ein Hinweis auf die tatsächliche Stellung des Kapitäns, der keinesfalls die alleinige Entscheidungsbefugnis an Bord innehatte und sich auch gegenüber dem Reeder rechtfertigen musste. Allerdings wendet Witt in diesem Zusammenhang einschränkend ein, der Schiffrat sei

---

184 Dircks 1781: 39.

vor allem auch ein Instrument zur Rechtfertigung eines Kapitäns und seines Handelns gewesen, um ihn vor möglichen Regressforderungen seitens des Reeders zu schützen. Die Befehlsgewalt des Kapitäns sei dabei im Wesentlichen uneingeschränkt geblieben.[185]

Eine Bestätigung dieser These findet sich auch bei Jens J. Eschels (1757-1842). Als er eines Tages als Matrose an Bord eines Walfängers vor Grönland an einem Eisfeld liegt, zieht eine Schule Wale vorbei. Da es als äußerst gefährlich gilt, in der Nähe von Eisschollen einen Wal zu harpunieren, da die von dem harpunierten Wal geschleppten Schaluppen daran zerbrechen oder unter das Eis gezogen werden könnten, lässt der Kommandeur Schiffsrat halten. Die Offiziere plädieren aufgrund des bestehenden Risikos gegen den Versuch, einen Wal zu harpunieren. Der Kommandeur setzt sich jedoch über die Meinung seiner Offiziere hinweg, wobei sie am Ende unverhofft Erfolg haben und auf diese Weise noch einen Wal mehr erbeuten.[186] Hier wird deutlich, dass trotz des Rates der Offiziere die letzte Entscheidung doch beim Kommandeur lag.

Einen anderen Anlass für die Einberufung des Schiffsrats sieht Witt bei der Durchsetzung disziplinarischer Maßnahmen bei leichteren Vergehen, die an Bord geahndet werden konnten.[187] Auch in Dircks' Journal findet sich ein Beispiel dafür. Als das Schiff an der Küste Grönlands ankert, weil sich das Schiff und die Mannschaft in einem schlechten Zustand befinden, verbietet der Kommandeur der Besatzung, den Kachelofen mit Brennholz zu beheizen. Sie sollten die an Bord befindlichen Steinkohlen dafür benutzen. Als sich die Mannschaft trotz mehrmaliger Ermahnungen nicht daran hält, wird der Schuldige gesucht und gefunden. Es muss eine Bestrafung erfolgen, um die Autorität des Kommandeurs nicht zu gefährden. Er lässt den Schiffsrat

---

185 Witt 2001: 40ff.
186 Eschels 2006: 70.
187 Witt 2001: 70ff.

90

zusammenkommen, um über die Bestrafung zu beraten. Am 21. Febr. 1782 trägt er ins Journal ein:

„Nichten dieses daß er brantz holtzs ansünden wollte sondern machte sich mit der steuerman Mundt gemein im vorsicht daß der steuerman ihn von kachelofen weg stuß. Dar auf warf er daß Brantz holtzs den Steuerman so füssen und machte ihn hant gemein mit ihm. Da ich sie selber voneinander rieß und schweigen aufgelegt: haben also Schifs rath gehalten und von uns nach seiner ungehorsamkeit zugekant: daß er 27 schlege vom tamp för spil zum straf haben sollte, welches wir Eigen hendig unterschrieben."[188]

Hierin wird ersichtlich, dass der Kommandeur für diese disziplinarische Maßnahme nicht eigenmächtig über das Strafmaß entschied. Einerseits dürfte ein derart getroffenes Urteil unter den Mitgliedern der Mannschaft auf ein höheres Maß an Akzeptanz und Respekt gestoßen sein, andererseits zeugt die offizielle Form dieser Vorgehensweise auch vom Bestreben des Kommandeurs, die Bestrafungen nicht willkürlich, sondern nach bestehendem Recht erfolgen zu lassen. Der schon erwähnte Navigationslehrer Hinrich Brarens zitiert hierzu das dänische Seerecht:

„Die sämtliche Mannschaft ist dem Schiffsführer ohne alle Widerrede zu Gehorsam verpflichtet, nemlich in soweit er einiges, was zur Fortsetzung der Reise, und zum Besten des Schiffes dient, befiehlt. [...] Den Ungehorsamen kann der [Kapitän] strafen lassen - den Meuterei und Unruhe Stiftenden am nächsten Christenlande aussetzen, oder in Eisen schließen lassen, um ihn hernach an die Obrigkeit abzuliefern."[189]

---

188 Dircks 1781: 48.
189 Brarens 1807: 10f.; vgl. im Weiteren auch de Jong 1972-79: 2,124ff., der auf die besondere Rolle der niederländischen *Ordre op het bergen van goederen* von 1677 verweist, die die Grundlage des *Grönlandischen Rechts* bildet und die außer in den Niederlanden auch in den Hansestädten Bremen und Hamburg Rechtsgültigkeit besaß, etwa bei Streitigkeiten um einen erlegten Wal oder der Regulierung von Schadensfällen. Zudem verpflichtete dieses Rechtsinstrument jeden Kommandeur sehr detailliert zur Bergung havarierter Schiffe und ihrer Ladung sowie zur Aufnahme und Verpflegung von schiffbrüchigen Walfängern an Bord des eigenen Schiffes; dazu ferner Münzing 1978: 26ff. und der deutsche Wortlaut des *Grönländischen Rechts* im Anhang.

Abschließend lässt sich sagen, dass unter Berücksichtigung der Tatsache, dass sich die Mannschaft oft zu einem großen, wenn nicht gar größten Teil aus Bekannten und Verwandten des Kommandeurs zusammensetzte, es folglich auch häufig ein freundschaftliches oder sogar familiäres Verhältnis des Kommandeurs zu seiner Mannschaft gegeben haben muss. Dennoch war er allein der gesetzmäßige Vertreter der Reeder, ihres Schiffes und seiner Ladung. Obwohl er an Bord nominell die oberste Entscheidungs- und Disziplinargewalt besaß, waren ihm dennoch deutliche Grenzen durch das jeweils geltende Seerecht gesetzt. Spätestens nach Beendigung der Reise musste er seine Entscheidungen gegenüber dem Reeder begründen und rechtfertigen können.[190] Als Zeugnis diente ihm dazu das von ihm geführte Schiffsjournal.

4.3. Das Anmustern der Mannschaft

Wie bereits mehrfach erwähnt, lag die Musterung geeigneter Besatzungen meist im Aufgabenbereich des Kommandeurs. Damit gingen einige Vorteile sowohl für den Kommandeur als auch für den Reeder einher. Der Kommandeur hatte die Gewissheit, eine zuverlässige, seetaugliche Mannschaft an Bord zu bekommen, der Reeder musste sich nicht darum kümmern und konnte ebenfalls auf eine brauchbare Mannschaft für sein Schiff vertrauen. Auf diese Weise entstand ein regelrechtes System der nachbarschaftlichen bzw. verwandtschaftlichen Protektion,[191] wobei zumindest die Kernmannschaft mit den maßgeblichen Offizieren häufig über mehrere Jahre zusammenblieb. Doch auch unerfahrene Anfänger oder ältere Seeleute, für die es schwer war, eine Heuer zu bekommen, versuchte man auf diese Weise unterzubringen. Jung Peters schreibt 1824:

> *„Auf einem Grönlandfahrer befanden sich 40 bis 45 Personen; und da es auf denselben manche leichte Geschäfte gab, die von Knaben und*

190 Witt 2001: 84.
191 Vgl. auch Dekker 1978: 116.

Alten verrichtet werden konnten: So wurde dadurch das Unterbrin-
gen derselben erleichtert. Die Angehörigen, Bekannten und Nach-
barn nahmen sich der schwächeren Landsleute, soviel sie vermogten,
an."[192]

Oft wurde die Heuerstelle schon ein Jahr im Voraus durch
einen bekannten Kommandeur zugesagt, oder wenn dieser nach
Beendigung einer Reise mit dem jeweiligen Seemann zufrieden
war, für das darauffolgende Jahr erneut vergeben. Dieses wird
durch das nachstehende Zitat aus Jens J. Eschels Lebensbeschreibung besonders deutlich:

„Mein Commandeur, mit welchem ich schon zwei Reisen gemacht,
konnte mich nicht wieder mitnehmen, indem er nun Verwandte mit-
nehmen musste; und ich, der nun schon zwei Reisen gemacht, sagte
er, könnte leichter bei einem Anderen eine Heuer bekommen, als ei-
ner der noch nie gefahren hätte. Ich ging also zu Commandeur Hans
Ercken, welcher mich 1769, als ich das Schiff verloren, aus Grönland
mit nach Amsterdam genommen, und bat ihn, mich mitzunehmen.
Er sagte, er habe bereits einen Schiffsjungen angenommen und also
keinen Platz für mich; doch, sagte er, fahre du nur im Frühjahr nach
Amsterdam und ich will dann zusehen dir eine Heuer zu verschaffen.
[...] Mein Vater war auch mit in diesem Schiffe und sollte wieder mit
seinem vorjährigen Commandeur Martinus Claasen [Martin Knud-
ten] *als Harpunier fahren. Ich hatte das Glück, gleich am ersten Tage,*
als ich nach Amsterdam kam, eine Häuer als Kocksmaat zu bekom-
men, und sollte 11 holländische Gülden pr. Monat haben. Daß ich die-
se Häuer bekam, kam so: mein Vater sprach mit dem Commandeur
Nanning Jacobs [Nahmen Jacobs]; *diese beiden waren Bruder- und*
Schwester-Kinder, also Vettern, und im Gespräch fragte mein Vater
ihn, hast du nicht eine Jungens-Stelle offen? er sagte ja, ich muss einen
Kocksmaat haben: ich stand bei ihnen, und mein Vater sagte, dies ist
mein Sohn, er hat Lust dazu, und so wurde ich angenommen und fuhr
am nächsten Tage an Bord als Kocksmaat bei Commandeur Nanning

---

192 Jung Peters 1824: 45.

*Jacobs. [...] Sobald ich die Heuer bekommen hatte, ging ich zu Com-
mandeur Hans Ercken und sagte es ihm, und daß er nun nicht nötig
hätte eine Heuer für mich zu besorgen...*"[193]

48. Kapitän Ernst J.
Faltings (1844-1924)
aus Oldsum auf
Föhr (stehend ganz
rechts) und seine
Mannschaft um 1900
auf Westgrönland.

Durch den relativ geschlossenen insularen Mikrokosmos war
es dem Kommandeur möglich, sich schon lange vor Antritt der
Reise ein genaues Bild von einem potentiellen Mannschaftsmit-
glied zu machen, zumal der gute oder schlechte Ruf eines Seemannes auf einer kleinen Insel kaum anonym blieb, sondern sich
durch Mundpropaganda schnell inselweit herumsprach. Bei einer damaligen Gesamtbevölkerung von 5-6.000 Personen kannte
man sich auf Föhr untereinander, wenn nicht persönlich, so doch
wenigstens vom Ansehen oder vom Hörensagen. Die Anonymi-
tät der großen Hafenstädte war wohl immer wieder dazu miss-
braucht worden, Befahrenheit und seemännische Erfahrung vor-
zutäuschen, um eine höhere Heuer zu erschleichen. Auch dazu
wird es auf der Insel keine Möglichkeiten gegeben haben. Ein
staatliches Mittel gegen diese Art von Betrug war der sogenannte

---

193 Eschels 2001: 45f.

94

Passport, der den Seeleuten nach der Reise als Arbeitszeugnis vom Kapitän ausgestellt wurde.[194]

Ursprünglich war als Arbeitsvertrag zwischen dem Kapitän und der Besatzung ein mündlicher Vertrag unter Zeugen üblich gewesen, doch im Laufe des 18. Jahrhunderts setzte sich der schriftliche Heuervertrag aufgrund seiner höheren Rechtswirksamkeit gegenüber dem mündlichen Vertrag immer mehr durch.[195] Mit der zunehmenden Verstaatlichung verschiedener Aufgabenbereiche in der Seefahrt wie auch der Heuerungsverhältnisse war darüber hinaus ein Kontroll- und Regulierungsorgan in Form eines Musterungsbeamten notwendig. Dieser wurde nach niederländischem Vorbild in einigen kontinentalen Staaten – so unter anderem in Dänemark – im Laufe des 17. und 18. Jahrhunderts in der Funktion eines *Wasserschouts* eingeführt.[196] Der Wasserschout trat auch als Vermittler von Heuerstellen auf. Direkt beim Kapitän geheuerte oder unter einem privaten *Heuerbaas* (Heuervermittler) geworbene Seeleute mussten ihre Musterung rechtlich beim zuständigen Wasserschout eintragen lassen. Interessant ist, dass Seeleute, die für den KGH fuhren, wohl einen Sonderstatus erhielten und von dieser Pflicht befreit waren.[197] Somit lag das Anheuern der Grönlandfahrer für den KGH ausschließlich im Aufgabenbereich des Kommandeurs. Die Anmusterung selbst erfolgte für gewöhnlich in der Schiffskajüte vor dem Kommandeur und dem Buchhalter des Reeders einige Wochen vor der Ausreise.[198]

---

194 Witt 2001: 51.

195 Witt 2001: 48.

196 Witt 2001: 51ff.; - das Wort *Wasserschout* ist im Deutschen aus holländ. *waterschout* übernommen worden und bedeutet wörtlich übersetzt „Wasserschulze" gemäß seiner Aufgabe, bei Heuerkonflikten zwischen der Schiffsmannschaft und dem Kapitän zu vermitteln und zu diesem Zweck von allen ein- und auslaufenden Schiffen eine Heuerliste mit allen an- und abgemusterten Seeleuten samt ihrer Heuer zu erstellen; vgl. Kluge 1911: 826.

197 Lehmann 1999: 50.

198 Lindeman 1869: 21.

4.4. Die Heuer

Während sich auf Handelsschiffen die Monatsheuern durchgesetzt hatten, war es auf den Walfängern des 18. und 19. Jahrhunderts üblich, die Mannschaft – bzw. Teile der Mannschaft – am Gewinn zu beteiligen.[199] Grundsätzlich berechnete sich die Höhe der Heuer nach der seemännischen Qualifikation, dem gemusterten Rang und der aktuellen Situation am Arbeitsmarkt. Somit war die Höhe der Heuer, aber auch die Beteiligung am Gewinn nicht selten Verhandlungssache. Dabei sind die Löhne auf See verglichen mit ähnlichen Berufen an Land als verhältnismäßig hoch anzusehen. Witt bemerkt, ein Vollmatrose habe im deutschen Seefahrtsraum wesentlich mehr verdient als der bestbezahlte Handwerksgeselle, und ein Offizier habe auf der vergleichbaren Einkommensstufe eines Maurer- oder Zimmermeisters gestanden.[200] Wenn man die Heueransprüche der verschiedenen Ränge an Bord betrachtet, so fällt auf, dass es für die Bezahlung nicht unerheblich war, ob man als einfacher Matrose, Offizier oder in der äußerst lukrativen Position eines Kommandeurs fuhr. Jung Peters schreibt dazu:

> *„Der Monatsgehalt war in der angeführten Zeit* [um 1799] *oft bedeutend; so bekam ein tüchtiger Matrose 9 mc* [Mark Courant], *ein Bootsmann und Zimmermann 12 bis 16 mc, ein Steuermann 16 bis 24 mc monatlich, und ein Capitain und Schiffer noch ansehnlich mehr.“*[201]

Dabei unterschied man zwischen Partfahrern und Monatsfahrern. Partfahrer waren diejenigen Besatzungsmitglieder, die kein festes Monatsgehalt bekamen, sondern direkt am Fang beteiligt waren. Diese waren vor allem in den Offiziersrängen zu finden. Die Monatsfahrer waren dagegen wenig oder gar nicht am Erfolg der Reise beteiligt und erhielten einen festen Monatslohn. Über

---

199 Voigt 1987: 86f. und Witt 2001: 59.
200 Witt 2001: 101.
201 Jung Peters 1824: 88.

den Umfang der Heuer wurde nach Rückkehr des Schiffes abgerechnet. In Kopenhagen begann die monatliche Gage erst, wenn das auslaufende Schiff die „roten Pfähle" (an der Außengrenze des Innenhafens bei *Toldboden*) passiert hatte, anderenorts – etwa in Altona – begann „der Monat zu drehen", sobald sich die Mannschaftsmitglieder eingeschifft hatten.[202]

Darüber hinaus gab es Mischformen, bestehend aus einem festen Monatslohn und einem geringeren Anteil am Erfolg. Den meisten Profit versprach die Musterung als Partfahrer, auch wenn damit höhere Risiken verbunden waren. Zwar erhielten die Partfahrer häufig ein zusätzliches Handgeld, dennoch gingen sie bei einer erfolglosen Reise fast leer aus, während die Monatsfahrer trotzdem einen Großteil ihrer Heuer erhielten. C.F. Posselt bemerkt hierzu:

> „*Sie* [die Schaluppenführer, d.h. die sechs Offiziere, die sich beim eigentlichen Fangvorgang als Harpuniere beteiligen] *zeichen sich zu dem dadurch aus, daß sie keine monatliche Häuer erhalten, sondern sogenante Partfahrer sind; d.h. sie erhalten, ausser einem Handgelde zum Antritt, ein Honorar für jeden Fisch und für jedes Fas Thran. Dadurch wird ihr eigner Vortheil an einen glücklichen Fang gebunden, und entsteht für sie eine starke Anreizung ihr möglichstes zu thun.*"[203]

Das Handgeld wurde durch den Buchhalter des Reeders bei der Anmusterung ausgezahlt. Dieses betrug auf niederländischen Schiffen des 18. Jahrhunderts für den Kommandeur im Schnitt etwa 100 bis 150 Gulden, dem weitere 25 Gulden für die Vorbereitung und Einarbeitung der Schiffsmannschaft hinzukamen. Zusätzlich erhielt er für jeden erbeuteten Wal ein sogenanntes Fischgeld in Höhe von 20 bis 25 Gulden, während sein Partengeld pro Kardeel Tran mit 20 bis 25 Stüvern berechnet wurde. Ein Harpunier empfing vergleichsweise ein Handgeld von 60 bis 65

---

202 Riewerts/Roeloffs 1996: 31.
203 Posselt 1796: 14.

Gulden und ein Fischgeld von 50 bis 55 Gulden sowie schließlich ein Partengeld von 16 bis 17 Stüvern von jedem Kardeel Tran. Unter den Monatsfahrern fiel dem Schaluppensteurer ein Fischgeld von 3 Gulden zu, den übrigen Monatsfahrern immerhin noch von 20 bis 30 Stüvern. An Monatsgeldern wurden zur gleichen Zeit auf niederländischen Schiffen gezahlt:

Zimmermann	36-40 Gulden	Schiemann	25 Gulden
Bootsmann	28 Gulden	Altmatrose	18-20 Gulden
Koch	28 Gulden	Jungmatrose	14-15 Gulden
Küper	28 Gulden	Kochsmaat	12 Gulden
Chirurgus	28 Gulden	Kajütswächter	10-11 Gulden.[204]

Später setzten sich die Beteiligungen am Erfolg auch in den unteren Rängen mehr und mehr durch, da mit der Vernichtung der Walbestände und den zunehmend leer heimkehrenden Schiffen die Reeder bestrebt waren, das Risiko ihrerseits möglichst klein zu halten. Man könnte dieses Heuerverfahren, dessen

49. Eisberge in der Disko-Bucht, Frühjahr 1980.

204 Lindeman 1869: 21; vgl. auch Brinner 1913: 68ff.

Grundlage sich ganz an der vagen Hoffnung auf einen möglichst großen, aber doch keineswegs garantierten Erfolg orientiert, als eine Art „Lohnreizsystem" bezeichnen.[205] Auch Mischformen aus Beteiligung am Erfolg und einer festen Monatsheuer waren nun häufiger zu finden. Diese wurden dann als halber oder Viertelpartfahrer gemustert.

Bei einem Schiff, das ohne Havarie und mit gefüllten Speckfässern in den Heimathafen zurückkehrte, konnten die Partengelder und sonstige Prämien entsprechend hoch ausfallen. Posselt erwähnt in diesem Zusammenhang, dass der Kommandeur Peter Bandix (1719-1801) aus Nieblum auf Föhr 1744[206] mit voller Ladung in Amsterdam eingelaufen sei, deren Marktwert Peter Bandix wie folgt berechnete:

520 Kardeelen Tran à 70 Gulden	=	36.400 Gulden
10.000 Pfund Barten à 2 Gulden	=	20.000 Gulden
sa.		56.400 Gulden[207]

Wenn man bedenkt, dass das gesamte – allerdings nicht neue – Schiff beim vorherigen Ankauf gerade einmal 25.000 Gulden gekostet hatte, mithin also während einer einzigen Reise mehr als seinen doppelten Ankaufpreis eingefahren hatte, kann man sich leicht vorstellen, dass bei derart hohen Gewinnspannen auch hohe Partengelder gezahlt wurden. Umgekehrt fiel der Verdienst bei erfolgloser Heimkehr entsprechend mager aus, insbesondere dann, wenn Schiff und Ladung unterwegs im Eis verloren gingen.

Dabei hingen der finanzielle Erfolg oder Misserfolg einer Walfangfahrt – und damit natürlich auch die erwartete Höhe des Partengeldes – keineswegs allein von der seemännischen

---

205 Vgl. Voigt 1987: 89.
206 Die angegebene Jahreszahl 1744 ist mit einiger Wahrscheinlichkeit falsch, da Peter Bandix erst 1749 Kommandeur auf dem holländischen Walfänger *Frederik de Harde* wurde, den er von 1749-1753 und von 1755-1771 befehligte; vgl. Dekker 1978: 157.
207 Posselt 1796: 7.

Tüchtigkeit und der Jagderfahrung ihrer daran beteiligten Mannschaften und Offiziere ab, sondern mindestens ebenso sehr von den metereologischen Bedingungen unterwegs und vor Ort, insbesondere von den Eisverhältnissen in den Fanggebieten, Faktoren also, die sich kaum vorhersagen und nur schwer kontrollieren ließen. Zudem neigte sich der alljährliche Zug der Wale oft schon dem Ende entgegen, bevor die Walfänger endlich am Eisfeld anlangten, etwa weil sie auf der Anreise mit beständig konträrem Wind zu kämpfen hatten oder weil sie die zugefrorenen Heimathäfen nach langen, strengen Wintern nicht rechtzeitig verlassen konnten. Posselt bemerkt hierzu ganz treffend, dass wohl kein Gewerbe so sehr von Glück und Zufall abhängig sei wie der Walfang.[208]

Von dem Altonaer Walfänger *Margaretha* ist eine äußerst detaillierte Lohnkostenabrechnung aus dem Jahre 1799 überliefert.[209] Das Schiff kam mit vier gefangenen Walen in den Heimathafen zurück. Die Bilanz der Reise fiel zwar nicht sonderlich üppig aus, aber immerhin doch erfolgreich:

377 Tonnen Tran à 72 Mark	27.144 mc
Barten, Felle etc.	8.070 mc
sa. 35.223 mc	
Ausgaben (inkl. Gagen)	- 20.707 mc 10 ß
Gewinn	sa. 14.515 mc 6 ß

Die Gesamtlohnkosten der Mannschaft samt Kommandeur betrugen 6.445 mc [Mark Courant] und 7 ß [Schilling]. Die Courant-Mark war seit 1727 das gängige Zahlungsmittel in den Hansestädten.[210] 16 Schillinge à 12 Pfennig entsprechen einer Mark Courant.

---

208 Posselt 1796: 16.
209 Oesau 1937: 59ff.
210 Pfeiffer 1977: 47.

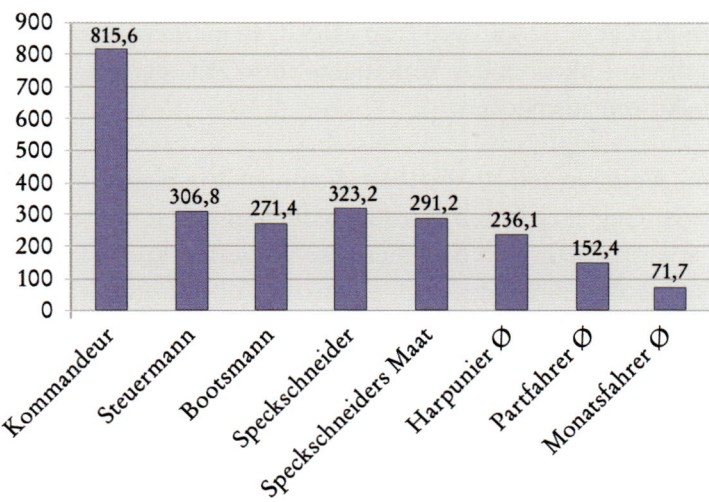

Bezahlung einer Reise in Mark Courant

Dabei sah die prozentuale Verteilung der Gesamtlohnkosten auf die einzelnen Ränge – bei den Harpunieren, Part- und Monatsfahrern im Mittelwert – wie folgt aus:

Kommandeur:	13%	(815 mc 6 ß)
Steuermann:	5%	(306 mc 8 ß)
Speckschneider:	5%	(323 mc 2 ß)
Speckschneiders Maat:	4%	(291 mc 2 ß)
Harpunier Ø:	4%	(236 mc 1 ß)
Bootsmann:	4%	(271 mc 4 ß)
Partfahrer Ø:	2%	(152 mc 4 ß)
Monatsfahrer Ø:	1%	(71 mc 7 ß)

Auffallend ist, dass sich trotz einer Mannschaftsstärke von 51 Mann allein die Lohnkosten des Kommandeurs auf 13% der Gesamtlohnkosten belaufen. Weiter fällt auf, dass bei einer recht guten Ausbeute von vier Walen der Speckschneider gegenüber den anderen Offiziersrängen ein vergleichsweise hohes Einkommen besitzt, höher sogar als das des Steuermanns. Das hängt damit

101

zusammen, dass er zusätzlich zur Beteiligung am Erfolg und einem Handgeld noch ein Schneidegeld pro erbeutetem Wal und einen Anker (= 37.4 Liter) Tran erhielt. Bemerkenswert ist auch, dass die Lohnkosten des Walfängers rund 31% der gesamten Betriebskosten ausmachen.

Im Weiteren soll beispielhaft die ungefähre Kaufkraft der damaligen Gagen ermittelt werden, wobei zunächst die vor Antritt der etwa halbjährigen Sommerreise vorgestreckten Handgelder – als eine Art „Grundgehalt" – den am Ende ausgezahlten Heuerbeträgen gegenübergestellt werden, um auf diese Weise noch einmal darzulegen, wie stark insbesondere die Partenfahrer vom wirtschaftlichen Profit einer Fangfahrt abhängig waren:[211]

Rang	Schiff leer	Schiff abgeladen
Partenfahrer:		
Kommandeur	554 mc 12 ß	815 mc 9 ß
Steuermann	65 mc	306 mc 12 ß
Speckschneider	60 mc	323 mc 3 ß
Harpunier:	42 mc	291 mc 6½ ß
Bootsmann	48 mc	271 mc 6½ ß
Monatsfahrer:		
Oberzimmermann	72 mc	194 mc 10 ß
Chirurg	63 mc	115 mc 5 ß
Koch	48 mc	139 mc 8 ß
Altmatrose Ø	31 mc	72 mc 6 ß
Jungmatrose Ø	24 mc	67 mc 5 ß
Kochsmaat	16 mc	42 mc 7 ß
Unterkajütswächter	15 mc	37 mc 8 ß

Natürlich ist es problematisch, die Kaufkraft der damaligen Einkünfte nach heutigen Maßstäben zu beurteilen oder gar in heutige Währung umzurechnen, da die Lebenshaltungskosten von vor mehr als 200 Jahren sich nur bedingt auf die Jetztzeit übertragen lassen. Dennoch geben die errechneten Werte

---

211 Feddersen 1995: 56ff.

zumindest eine relative Vorstellung von den finanziellen Verhält-
nissen der Walfänger gegen Ende des 18. Jahrhunderts, wenn man
etwa für denselben Zeitraum jeweils den Tageslohn eines Hand-
werksmeisters (18 ß), seines Gesellen (16 ß) und seines Handlan-
gers (8 ß) zum Vergleich heranzieht.[212] Daraus resultiert folgender
Halbjahresverdienst:

Handwerksmeister	202 mc 8 ß
Geselle	180 mc
Handlanger	90 mc

Einen ungefähren Eindruck von den Lebenshaltungskosten
offenbaren zudem die gegen Ende des 18. Jahrhunderts auf Föhr
gezahlten Preise für Vieh, Lebensmittel, Häuser, Möbel und andere Güter des täglichen Gebrauchs, wie sie aus den zeitgenössischen Auktionsprotokollen der Westerharde Föhr und Amrum
von 1786-1798 ersichtlich werden.[213] Da die Preisangaben dort im
Einzelfall sehr stark nach oben oder unten „ausreißen" können,
handelt es sich nachstehend um Durchschnittswerte:

Vieh:	
1 Pferd	50 mc
1 Kuh	48 mc 11 ß
1 Schaf	5 mc 11 ß
Lebensmittel:	
1 Tonne (ca. 90 kg) Gerste	13 mc 8 ß
1 Tonne (ca. 100 kg) Roggen	8 mc 8 ß
1 Pfund Butter	4 ß
1 Pfund Speck	3 ß
25 Stück Stockfisch	2 mc 9 ß
Möbel und Hausrat:	
1 Lehnstuhl	4 mc 4 ß
1 holländischer Klapptisch	3 mc

212 Berechnet nach den angeführten Durchschnittswerten bei Waschinski 1959: 287.

213 Landsarkivet Aabenraa, Retsbetjentarkiver; zitiert nach einer Kopie im Archiv der Ferring Stiftung in Alkersum/Föhr.

1 Standuhr	9 mc 4 ß
1 Oberbett	7 mc 4 ß
1 Unterbett	6 mc 14 ß
1 Teekessel	1 mc 9 ß
1 Teetasse aus Porzellan	9 ß

Kleidung:

1 Mannsrock	5 mc 4 ß
1 Frauenrock (Pei)	9 mc 2 ß
1 silberne Schuhspange	11 mc 9 ß

Baumaterialien:

500 Ziegelsteine	5 m 4 ß
1 Tylft (12 St.) Bretter à 12 Fuß	9 m
1 Draf (20 Bund) Dachreet	10 ß

Sonstiges:

1 Wagen mit Zubehör	24 m
1 silberne Schnupftabaksdose	11 m 9 ß
1 Schat-Kamer (naut. Lehrbuch)	2 m 1 ß
1 Haus u. Staven je nach Größe	420-550 m

Die genannten Zahlen unterstreichen noch einmal die in der Regel wohlsituierten ökonomischen Lebensbedingungen vor allem des Kommandeurs und anderer Schiffsoffiziere und ihr damit verbundenes hohes Ansehen in der damaligen insularen Gesellschaft. Insbesondere Kommandeure traten auf der Insel oft als gesuchte Darlehensgeber auf,[214] und viele von ihnen – und zwar nicht nur die Kommandeure – konnten nach dem Ausscheiden aus der Seefahrt von den Zinsen ihrer Ersparnisse leben, wie der damalige Pastor an St. Johannis in Nieblum auf Föhr Christian F. Posselt schon 1795 berichtet:

„*Der Wallfischfang brachte uns einen mässigen, aber ziemlich allgemein verbreiteten Wohlstand; von den Kommandeurs – so nennen sich die Anführer der Schiffe – wurden nur wenige reich; die mehresten wohlhabend, und nebenbei verdiente ein grosser Theil, die unter dem*

---

214 Feddersen 1995: 58.

Namen von Schifsoffizieren mitfuhren, in guten Jahren so viel, daß sie für ihr Alter erübrigen konnten. Bei der Kauffahrteifahrt fällt es freilich häufiger vor, daß die Schiffer reich werden: Steuerleute können nur bei ökonomischer Wirthschaft erübrigen: Matrosen haben so eben das tägliche Brod für sich und die Ihrigen."[215]

Dieses Zitat verdeutlicht aber auch, dass die ökonomische Situation des einfachen Matrosen eine ganz andere war. Für ihn bedeutete der Walfang im Normalfall ein hartes, arbeitsreiches und obendrein gefährliches Tagesgeschäft, das nur bescheidene Verdienstmöglichkeiten bot. Der spätere Schiffer Paul Frerksen (1725-1801) von der Hallig Langeneß berichtet etwa, dass er sich als 17-jähriger Malmucker von den 87 holländischen Gulden, die er auf der Sommerreise 1742 verdient habe, für den persönlichen Gebrauch lediglich einen neuen „Lakenrock [Rock aus Tuch] ohne Hosen" anschaffen konnte, zu mehr reichte es nicht. Die silbernen Knöpfe dazu sowie ein Paar silberne Schuhspangen konnte er sich erst zwei Jahre später leisten; es sei das erste Silber gewesen, das er bis dahin am Leibe getragen habe.[216] Wenn der Grönländische Walfang später immer wieder als eines der „goldenen Zeitalter" der Nordfriesischen Inseln und Halligen hochstilisiert worden ist, dann lernten die „goldene" Seite dieser Epoche allenfalls die Kommandeure und andere höhere Schiffsoffiziere kennen. Die soziale Diskrepanz zwischen einem erfolgreichen Grönlandkommandeur und einem gewöhnlichen Matrosen dokumentieren auf anschauliche Weise die nachstehenden Grabdenkmäler: oben der kunstvoll behauene Stein des begüterten Kommandeurs Volkert Knudten (1717-1770) aus Nieblum auf Föhr, unten die schlichte und weitgehend unbearbeitete Schieferplatte des einfachen Seemannes Rörd Jensen (1799-1875) aus Utersum auf Föhr, die neben der Hausnr. 46 ü [= Utersum] lediglich die von ungelenker Hand eingravierten Initialen des Verstorbenen ziert.

---

215 Posselt 1796: 4; vgl. ähnlich auch bereits Boysen 1791-93: 1,319.
216 Paulsen 1973: 100 und 101f.

50a. Grabdenkmal des Kommandeurs Volkert Knudten (1717-1770) aus Nieblum auf Föhr.

50b. Grabdenkmal des Matrosen Rörd Jensen (1799-1875) aus Utersum auf Föhr.

5. Die Schiffe und ihre Ausrüstung

5.1. Die Schiffe

Ein Schiff hat für den Seemann bis in die heutige Zeit hinein einen besonderen Status. Es ist nicht nur einfach ein Verkehrsmittel oder ein Arbeitsplatz, sondern darüber hinaus auch auf längere Zeit ein stark begrenzter und gegebenenfalls beengter Lebensraum, der sich auf See in manchen Gefahrensituationen schnell zu einem Überlebensraum entwickeln kann. Dementsprechend hoch muss das Vertrauen sein, das der Seemann in ein Schiff setzt. Selbst im modernen Containerzeitalter, in der die Schiffe uniform wirken, wird er von „seinem" Schiff sprechen und es auf große Entfernung erkennen. Auch heute sind liebevolle Spitznamen für ein Schiff immer noch üblich, und von jeher werden Schiffe dabei personifiziert. In aller Regel ist ihr Geschlecht weiblich, und auch in metaphorischer Übertragung erscheinen sie nicht selten in Frauengestalt, von der man mit Verehrung und Achtung – manchmal sicherlich auch mit Missachtung – spricht. Viele Kapitäne drücken ihr ganz persönliches, intimes Verhältnis zu „ihrem" Schiff darin aus, indem sie es auf Gemälden darstellen ließen und lassen, auf den Nordfriesischen Inseln und Halligen nicht selten auf Fliesentableaus (vgl. Abb. 11 und 78), ja, mancher Kapitän oder Kommandeur ließ „sein" Lieblingsschiff sogar auf dem eigenen Grabstein abbilden.[217]

Anfänglich setzte man im Walfang ganz gewöhnliche, auch an den heimischen Küsten gebräuchliche Handelsschiffe ein. Das waren im 17. Jahrhundert vorzugsweise die *Fleuten*. Sie stellten zu jener Zeit den am häufigsten vorkommenden Schiffstypus in den Niederlanden dar, hatten eine Länge von ca. 30 Metern und brauchten aufgrund ihrer Takelung nur wenig Besatzung; Sie waren überdies kostengünstig und schnell zu bauen.[218]

---

217 Vgl. etwa die zahlreichen Abbildungen bei Lüden 1984 und Schreiber/Hanke 1985.
218 Jarchow 1978: 10.

Charakteristisch für diese langsamen, plumpen Schiffe sind die voll getakelten drei Masten, das runde Heck, das schmale Deck und der kleine Heckspiegel. Zudem reichten sie anfangs, als man den Walfang noch als sogenannte *Baienfischerei* von Land aus in den Buchten Spitzbergens und Jan Mayens betrieb,[219] für die dortigen Verhältnisse aus. Später, als man begann, weiter ins Eis hineinzusegeln und die Wale nicht mehr an Land, sondern an Bord zu verarbeiten, wuchsen die Anforderungen an das Schiff ganz erheblich. Das Schiff musste nun auf der einen Seite stabil bzw. massiv genug sein, um Beschädigungen durch das Eis standhalten zu können, auf der anderen Seite musste es genügend Tragfähigkeit und Raum aufweisen, um möglichst viel Ladung transportieren und auch eine 50 Mann starke Besatzung fassen zu können. Die Fahrt und die damit zusammenhängende Reisegeschwindigkeit spielten zunächst eine relativ untergeordnete Rolle.

---

219 Lindeman 1869: 8f. und Brinner 1913: 4ff.

Später im 18. Jahrhundert, als sich die Fischerei zunehmend aus den Buchten auf die offene See bei den Eisfeldern verlagerte, entwickelte sich aus der Fleute das sogenannte *Bootschiff* als den wohl verbreitetsten Schiffstyp im Walfang des 18. Jahrhunderts, der durch die besonderen Bedingungen vor Ort in seiner Konstruktion maßgeblich beeinflusst war. Es besaß ebenfalls drei Masten, die voll getakelt waren. Gegenüber der Fleute wurde das Deck verbreitert, was das Verarbeiten des Wals und das koordinierte Arbeiten von 50 Mann Besatzung an Deck beträchtlich erleichterte. Eine besondere Eigenschaft des Bootschiffes ist zudem sein breiter, hochgezogener Heckspiegel. Vermutlich erhielt es seinen Namen durch die auffällig außenbords angebrachten Beiboote oder Schaluppen.

Nach dem Übergang von der Baien- zur Eisfischerei war es notwendig geworden, die Schiffe eigens für diesen Zweck herzurichten.[220] Wegen des Eises besaßen sie eine doppelte Beplankung aus bestem Eichenholz, dessen Stärke zum Heck hin abnahm, im Bug eine dritte Plankenlage sowie einen Eissteven, der mit Eisenplatten beschlagen war.[221]

Im Laufe des 19. Jahrhunderts wurden zunehmend modernere Handelsschiffstypen wie *Briggen* oder *Barken* für die Eisfahrt verstärkt und für die Grönlandfahrt ausgerüstet. Auch *Fregattschiffe* fanden hierbei Verwendung. Vor allem als der Walfang an Bedeutung verlor und nunmehr der

52. Das Altonaer Bootschiff *De Stadts Welvaert*, Kommandeur Jung Sönk Peters [holland. Simon Peters(en)] (1733-1783) aus Klintum, später Oldsum auf Föhr, der das Schiff von 1773-1778 führte; zeitgenössisches Aquarell. (Lüden 1989: 50 und Roeloffs 2007: 270).

---

220 Münzing 1978: 12.
221 Lindeman 1869: 20 und Feddersen 1995: 25.

53. Die Brigg *Baldur* in einem zeitgenössischen Aquarell. Das 1850 auf Falster gebaute Schiff von 119½ CL war das seinerzeit schnellste Schiff des KGH und machte unter seinem Kapitän Friedrich Ocken (1803-1856) aus Borgsum auf Föhr, der das Schiff seit 1851 befehligte, zwischen 1852-1855 jeweils zwei Reisen im Jahr nach Grönland. 1856 verschwand das Schiff auf der Ausreise nach Grönland spurlos; man vermutet die Explosion einer Ladung Schwarzpulver.

Robbenschlag und die Versorgung der grönländischen Kolonien in den Vordergrund traten, waren beim KGH schnellere Schiffe gefragt, die mit verhältnismäßig geringer Besatzungsstärke gesegelt werden konnten. Dafür waren schlankere Schiffe, die mit einer höheren Anzahl von Schratsegeln ausgestattet waren, prädestiniert, wie z.B. die *Barken* oder *Brigantinen*. Sehr geeignet waren in dieser Hinsicht auch *Schonerbarken* oder *Schonerbriggen*.[222] Diese Schiffe konnten sehr viel höher am Wind segeln, wodurch sie an Schnelligkeit gewannen. Das spielte bei den späteren reinen Handelsfahrten des KGH eine große Rolle. Fortan kam es sogar gelegentlich vor, dass während der Sommermonate mit einem Versorgungsschiff zwei Reisen nach und von den grönländischen Kolonien gemacht werden konnten. Dem ersten, dem das 1852 gelang, war der Föhrer Kapitän Friedrich Ocken (1803-1856) aus Borgsum auf der Brigg *Baldur*;[223] 1863 hat es ihm sein Landsmann Kapitän

---

222 Vgl. Böndel 1987: 82ff.
223 Riewerts/Roeloffs 1996: 58.

54. Die Bark *Nordlyset* unter Segel, Mai 1915. Das 1852 in Helsingør gebaute Schiff von 265 BRT, 27,4 Fuß Breite und 14,1 Fuß Tiefe, machte zwischen 1853 und 1926 111 Reisen nach Grönland, davon zwischen 1858 und 1863 sieben unter dem Kommando von Volkert F. Faltings (1815-1897) aus Oldsum auf Föhr.

Volkert F. Faltings (1815-1897) aus Oldsum auf der Bark *Nordlyset* gleichgetan.[224] Seemännische Leistungen dieser Art zählten um die Mitte des 19. Jahrhunderts noch zu den außergewöhnlichen Ereignissen und erregten in Schifffahrtskreisen beachtliches Aufsehen. Das schafften nur hochqualifizierte Kapitäne mit einer zuverlässigen Mannschaft.

5.2. Die Ausrüstung

Die Ausrüstungslisten für Fangschiffe sind lang und von unzähligen Spezialwerkzeugen geprägt, die für Fang und Verarbeitung wichtig sind. Die Ausrüstung wurde das *Fleet* genannt.[225] Die auffälligsten Ausrüstungsgegenstände stellen die *Schaluppen* dar, die für den Fang gebräuchlichen Beiboote. Die Walfänger konnten aufgrund der Beiboote leicht als solche identifiziert werden,

224 Riewerts/Roeloffs 1996: 146f.
225 Münzing 1978: 12.

111

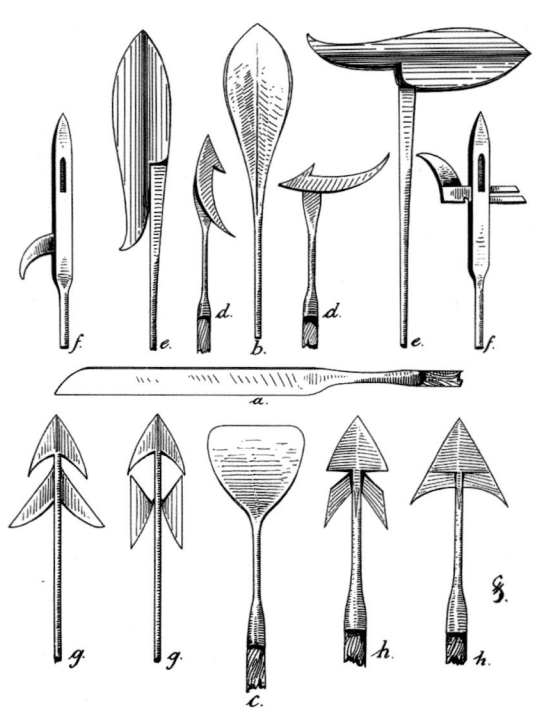

55. Gerätschaften
des Walfangs:
a) Flensmesser,
b) Lanze,
c) Speckstecher,
d-h) Harpunen;
Federzeichnung von
H. Simonsen.

denn die Schaluppen waren meist in Reihe oder nebeneinander – häufig an Auslegern – außenbords angebracht. Gewöhnlich belief sich die Anzahl der Schaluppen auf sechs. Der spezielle Bootstyp der *Grönländischen Schaluppe* lief vorn und achtern spitz zu und war so leicht gebaut, dass man ihn mit sechs Mann mühelos und schnell an den sich fortbewegenden Wal heranpullen konnte.[226] Es entwickelte sich eine besondere Rumpfform, die dafür ausgelegt war, sich möglichst leise dem Wal zu nähern. Dabei war die Schaluppe im Vorschiffbereich völliger gehalten, um die Belastung durch das flüchtende Tier besser abfangen zu können.[227] Die Schaluppen waren mit mehreren Harpunen, Walfischleinen, Lanzen, einem Kappmesser (Messer zum Durchtrennen der Walfischleine im Notfall) sowie mit einem einfachen Behelfssegel ausgerüstet, um bei Bedarf über eine längere Distanz auch segeln zu können, wenn sich die Schaluppe beispielsweise weit von dem Mutterschiff entfernt hatte. Erreichte das Schiff sein vorgesehenes Fanggebiet und wurde man der ersten Wale ansichtig, lagen rund um die Uhr zwei Schaluppen samt ihrer Besatzungen auf *Brandwache*, d.h. in ständiger Bereitschaft, um beim ersten Auftauchen eines Wals umgehend die Verfolgung des scheuen und schnellen Tieres aufnehmen zu können. Eine *Brandwache* dauerte für gewöhnlich vier Stunden, bevor sie von dem folgenden Törn abgelöst wurde.[228]

226 Münzing 1978: 12f
227 Feddersen 1995: 83
228 Vgl. Posselt 1796: 17 und Brinner 1913: 34.

Weitere Ausrüstungsgegenstände beschreibt schon 1723 sehr detailliert C. G. Zorgdrager in seinem zeitgenössischen Werk *Alte und neue Grönländische Fischerei und Wallfischfang.* Dabei gibt er über 100 Posten an, wobei diese Liste sicherlich noch nicht einmal komplett sein dürfte. Eine kleine Auswahl an Gerätschaften hieraus soll nachstehend aufgeführt werden:[229]

450	neue Fässer oder Quartelen von 17 fl [Speckfässer]
30	kleine Pypen zu 4 fl [kleine Fässer]
100	Oxenhoofden zu 1 fl
60	neue Wallfisch-Leinen jede 125 Faden lang / wiegend

75 oder 80 lb zu 44 Stüber

6	Chaloupen Compasse
6	Chaloupen Segel von 100 Ellen / Flämische Leinwad

und Macherlohn

40	neue Harpunen
10	alte Harpunen
50	neue Lanzen
6	Wallruß Harpunen
6	Wallruß Lanzen
50	eichene Harpun-Stöcke
10	Speckmesser
5	Baardmesser
7	Kapmesser
6	Chaloupen Kapbeilgen
4	Eisbeile
1	Eissäge

5.3. Die Verproviantierung

Aus heutiger Sicht erscheint die Kost auf den Walfängern des 18. und 19. Jahrhunderts wenig abwechslungsreich und ungesund. Es wurden meist nur Lebensmittel an Bord genommen, die auf längere Zeit haltbar waren. Das waren vor allem eingepökelte

---

229 Zorgdrager 1723: 401ff.

und getrocknete Fisch- und Fleischwaren, Trockenbrot und Hülsenfrüchte. Eine Proviantliste für einen Grönlandfahrer mit 42 Mann Besatzung findet sich ebenfalls bei Zorgdrager wieder. Dort steht zu lesen:[230]

18 Fässer hartes Brot	*4 lb Coffe*
18 Säcke weisses Brot	*2 lb Pfeffer*
15 Viertel Butter	*2 Loht Nägelein*
20 Säcke Grütz	*2 Loht Muscatblüte*
20 Säcke graue Erbsen	*2 Loht Zimmetrinden*
18 Säcke weisse Erbsen	*2 Loht Muscatnüsse*
9 Tonnen Fleisch	*1 Flaschen-Keller mit Rheinischen*
700 lb süsse Milch-Käse	*Enis / Lavas / Löffelkraut-Brandwein*
600 lb Edamer Käse	*26 Klafftern Brennholz*
1000 lb Stockfisch	*25 lb Lichter*
30 Fässer Bier	*6 Fässer oder 9 Tonnen Turf*
7 halbe Fässer gutes Bier	*2 halbe Fässer frische Sägspäne*
3 Anker Wein	*6 Rollen Stopf-Tuch*
½ Anker Brandewein	*15 Büschel Schwefelstöcke*
2 Anker Wacholder-Brande-Wein	*2 Anker Wacholder-Brande-Wein*
½ Ohme Essig	*5 lb Brod oder Hutzucker*
1½ Viertel Senf	*2 lb Stockzucker*
100 lb Sirup	*6 lb Feigen*
6 lb Zwetschken	*4 lb Rosinen*

Dabei wurde in der Offiziers- und Mannschaftsmesse unterschiedliche Kost ausgegeben, wobei den Offizieren natürlich die hochwertigere, abwechslungsreichere Verpflegung zugesprochen wurde. So hatte beispielsweise die Direktion des KGH in einer „Speise-Taxt" vom 8. Sept. 1781 für sämtliche Mannschaften eines Handels- oder Fangschiffes nach Grönland oder in die Davisstraße folgende wöchentliche Essensration pro Mann festgelegt:

---

230 Zorgdrager 1723: 399f.

1	Pfund Schweinespeck
2½	Pfund Fleisch
1½	Pfund Butter
1	Pfund Stockfisch
1	Pfund Käse
5	Pfund Hartbrot
⅓	Viertel(pfund) Grütze
⅓	Viertel(pfund) Erbsen
10½	Pott Bier [= ca. 10,2 Liter]

Andere alkoholische Getränke, wie Branntwein, wurden dagegen nach Gutdünken des Kommandeurs ausgeschenkt. Allerdings galt diese Regelung nicht für den Kommandeur und die Schiffsoffiziere. Diese erhielten ihre Kost nach eigenem billigem Ermessen.[231] Ähnliches berichtet auch Ernst J. Ketels (1859-1949) in seinen Lebenserinnerungen, als er 1875 das erste Mal als Schiffsjunge für den KGH nach Grönland fährt:

„Ein Bierfass [mit dünnem, hellen Bier] *stand an Deck, aus dem, soviel ich weiß, jeder nach Belieben zapfen konnte. Zu den Mahlzeiten wurde eine hölzerne Kanne voll ins Mannschaftslogis geholt und unmittelbar aus der Kanne getrunken. In der Kajüte hatten sie Flaschenbier und Branntwein nach dänischer Sitte zum Frühstück und Abendessen. Und oft, wenn nicht täglich, Rotwein zu Mittag. Auch bekam die Mannschaft wohl täglich Branntwein; die Flasche hatte der Zimmermann in Aufbewahrung. In der Kajüte wurde überhaupt sehr gut gelebt; hier hatten sie viel und verschiedenen Aufschnitt, Würste, Schinken, Sardinen, Eier, Schweizer-, Holsteiner-, Holländer Käse, Schokolade und sogar, damals noch selten, Schweizermilch in Dosen. Sogar die Blechdosen waren selten, dass wir uns darum rissen, um diese als Tabaksdosen zu benutzen. Wenn das von Kopenhagen mitgenommene Frischfleisch verbraucht war, gab es sonntags präservierte Suppe und Fleisch mit Weizenmehl-Klößen (engl. soup-and-bully). Alltags entweder Salzspeck oder gesalzenes isländisches Hammelfleisch. Im*

---

231 Tving 1944: 151f.; vgl. ferner Riewerts/Roeloffs 1996: 199.

Logis wurde dieses zerschnitten und da Teile zu fett und andere zu trocken ausfielen, wurde wohl gelost. Diese Arbeit lag den Jungmännern ob und war ein für diese unangenehmes Geschäft, da die Matrosen schwer zufrieden zu stellen waren. [...] Mittwochs und sonnabends gab es Klippfisch, Stockfisch habe ich erst von Hamburg aus kennengelernt. Die Beköstigung war sehr gut und genügend; Erbsen, Bohnen, Grütze, Kartoffeln. Von Erbsen gab es gelbe, grüne, graue. Man wunderte und freute sich immer auf Föhr, wenn Jungens, zum ersten Mal nach Grönland mitgewesen, so wohlgenährt und groß geworden wiederkamen."[232]

56. Der spätere Kapitän Ernst Julius Ketels (1859-1949) aus Süderende auf Föhr 1884 als II. Steuermann der belgischen Bark *William Engels*, Kapitän Heinrich G. Quedens (1838-1920) aus Utersum auf Föhr; Ernst J. Ketels machte 1875 als Kajütsjunge seine erste Reise nach Grönland an Bord der Schonerbrigg *Neptunus*, einem Versorgungsschiff des KGH, auf dem sein Vater Johann Erich Ketels (1826-1904) Kapitän war.

Hier wird deutlich, welch hohe Bedeutung das Essen für die soziale und vor allem auch psychische Befindlichkeit der Mannschaft hatte. Fleisch und mehr noch Frischfleisch war besonders begehrt, wohl weil es an Bord meist Mangelware war.[233] Auch Jens J. Eschels (1757-1842) berichtet etwa 100 Jahre früher von den gleichen Grundnahrungsmitteln wie Erbsen, Grütze, Brot, Fleisch, Speck etc.[234] Daran kann man ersehen, dass sich ebenfalls die Ernährung in der Seefahrt über einen großen Zeitraum wenig veränderte, auch wenn man im Laufe der Zeit bordtypische Krankheiten, die sich aufgrund von Mangelerscheinungen einstellten, besser in den Griff bekam. Lange Zeit war Skorbut eine der häufigsten Todesursachen an Bord gewesen, da in der Arktis eine vitaminreiche Ernährung verständlicherweise schwierig war.[235] Der Amrumer Kommandeur Christian Erken (1813-1872) aus Nebel, der 1850 von Kiel aus auf der Brigg *Nordstern* eine

232 Ketels-Harken 2010: 40f.
233 Vgl. auch Eschels 2006: 86.
234 Eschels 2006: 33.
235 Vgl. Posselt 1796: 33, Oesau 1937: 278ff., Feddersen 1995: 48, Roeloffs 1997: 135ff.

Grönlandfahrt auf Robbenschlag und Walfang unternahm, notiert in seinem auf Grönland geschriebenen Journal über den Skorbut und seine damalige Behandlung an Bord Folgendes:

„26. Scorbut.

Der Scorbut ist eine der gefährlichsten Schiffskrankheiten und daher muß man so viel, als möglich alle Vorsicht anwenden, um derselben vorzubeugen. Ich lasse dieserhalb einige Verhaltungs-Regeln vorausgehen, durch deren Befolgung man der Krankheit vorbeugen kann.

Reine Luft und beständige Beschäftigung sind zwei Hauptbedingnisse. Man öffne deshalb so oft als nur möglich Luken, und wenn dieses, wegen schlechtes Wetter nicht angeht, so Räuchere man. Man meide den Genuß zu vielen, vorzüglich aber verdorbenen Fleisches und schlechten Trinkwassers, esse nicht soviel gesalzene Speisen; vorzüglich Schweinefleisch ist schädlich, lebe mäßig und nehme sich vor Erkältung in acht. Ist die Krankheit einmahl im Anzuge, so äußert sie sich durch folgende Vorbothen: Mattigkeit in den Gliedern, die nach einiger Zeit in Steifheit ausartet (vorzüglich in Armen und Beinen), öfters sogenanntes Schlafen der Hände und Füsse, kurzes Athemhohlen, schwäche der Augen. Der ganze Körper, vorzüglich aber Arme und Beine, sind mit dunkelrothen und bläulichrothen Flecken bedeckt, welche von verschiedener Größe, von der einer Erbse bis zu 7-8 zoll Durchmesser sich zeigen. Der Kranke richt sehr übel, aus dem Munde, die Zunge und das Zahnfleisch sind angeschwollen, letzteres bluthet bey der geringsten Berührung, bisweilen ist es auch speckartig. Der Kranke hat einen fauligen Geschmack und begehrt nach saure Speisen und Getränke.

Sind diese Symtome vorhanden, so ist schleunige Hülfe nöthig, damit die Krankheit nicht ausartet, was unausbleiblich bey Vernachlässigung des Kranken und zwar folgendermaßen geschieht. Der oben beschriebene Zustand kann 8-14 Tage fortwähren, dann geht aber die Krankheit, mit Riesenschritten vorwärts. Alle Schmerzen nehmen zu, das Bluth sucht sich auf alle nur mögliche Weise Auswege zu verschaffen, so z.B. durch die Nase, den Mund, die Ohren, die Harnröhre, den Darmcanal, an verschiedenen Stellen des Körpers kommen Geschwüre zum Vorschein, das Zahnfleisch wird brandig, die Zähne fallen nach und nach aus und der Kranke leidet schreckliche Schmerzen.

57. Auszug aus Christian Erkens Journal von der Grönlandfahrt 1850 auf der Kieler Brigg *Nordstern*, hier S. 147, seine Ausführungen über den Skorbut betreffend.

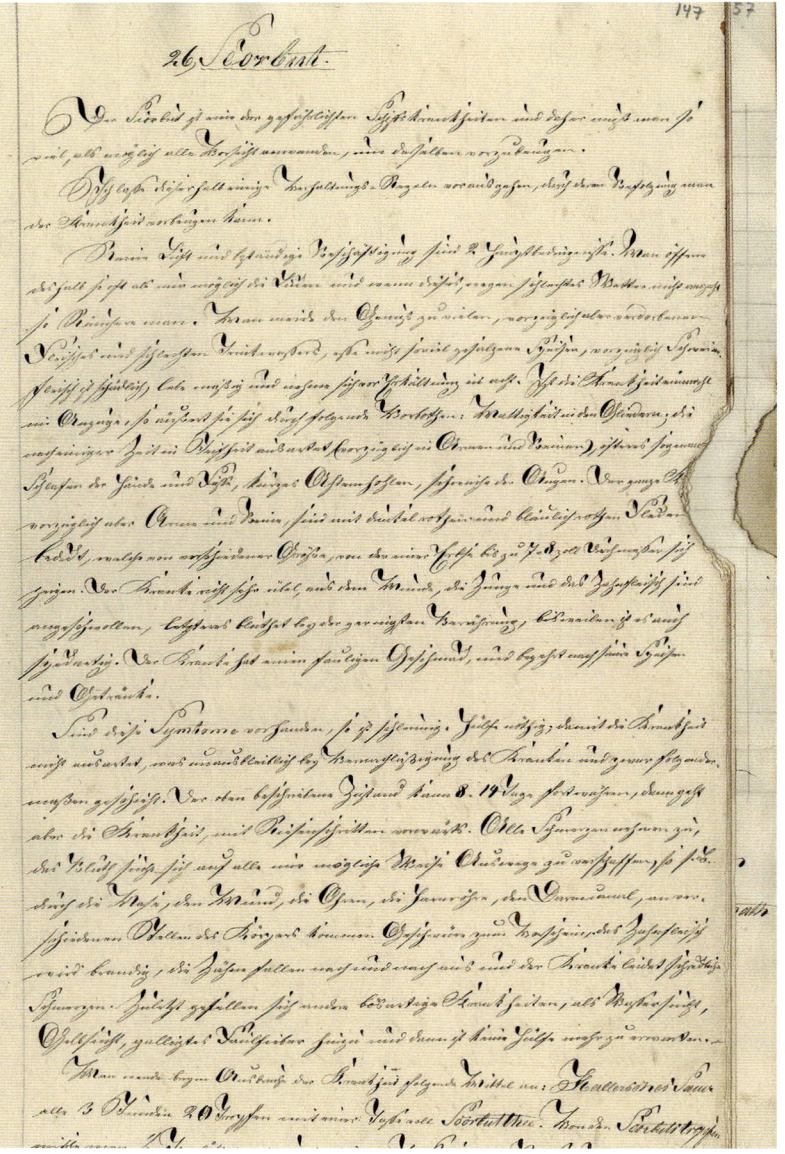

Zuletzt gesellen sich andere bösartige Krankheiten, als Wassersucht, Gelbsucht, galligtes Faulfieber hinzu und dann ist keine Hülfe mehr zu erwarten.

Man wende beym Ausbruche der Krankheit folgende Mittel an: Hallersches Sauer alle 3 Stunden 20 Tropfen mit einer Tasse voll Scorbutthee. Von den Scorbutstropfen mische man ½ Theelöffel voll unter einen Tassenkopf voll Wasser und lasse damit häufig den Mund ausspühlen, dabey von Scorbutspulver alle 4-5 Stunden einen kleinen Theelöffel voll mit Wasser oder Thee nehmen. Gebe dem Kranken viel mit Essig und Zitrone zubereitete Speisen und Getränke. Wo möglich bade man den Kranken alle Tage in kaltem Wasser, dem etwas Essig zugesetzt ist. Ist das Baden nicht anwendbar, so wasche man den ganzen Körper mit Essig und Wasser, dem man auch etwas Alaun zusetzen kann. Die Geschwüre verbinde man mit Wundwasser. Ist der Blutabgang durch den Darmkanal heftig, so gebe man entweder Klystire aus Wasser, Essig und Alaun, oder wenn keine Spritze vorhanden, so mache man von Leinewand ein kleines Pflöckchen, tauche dies in Essig und Alaunpulver und stecke dies in den Mastdarm. Man reiche dem Kranken nur magere Kost und gar keine Fleischspeisen, auch wenn schon Besserung eintritt. Man setze den Gebrauch der besagten Mittel, vorzüglich des Pulvers fort, bis das Uebel ganz gehoben; alsdann reiche man dem Kranken zur Nachkur 4mal Täglich 1 Theelöffel voll Magenstärkende Tropfen, mit etwas weisen Wein."[236]

Als bekannt wurde, dass das sogenannte *Löffelkraut* (cochlearia officinalis) Wunder gegen diesen Vitamin-C-Mangel wirkte, wurde es vermehrt bei den ersten Anzeichen an Land gepflückt oder als Extrakt in Form von *Löffelkraut-Branntwein* tropfenweise eingegeben.[237] Die meisten inselnordfriesischen Seefahrer schworen dagegen auf einen regelmäßigen Teegenuss, um dem Skorbut vorzubeugen:

---

236 Erken 1850: 147, Nr. 26; vgl. ferner Oesau 1937: 216f. und 279f., Roeloffs 1997: 135 und 145 sowie Schirren/Schulze 1984: 67ff.

237 Zorgdrager 1723: 178 und 399, Posselt 1796: 33 und Eschels 2006: 59.

„Gewis ist es indes, daß die Wallfischfänger selber einen ganz andern Grund anführen, warum sie jetzt weniger an Skorbut leiden: Sie sind samt und sonders der Meinung, daß dem Theetrinken, wo nicht ausschließend, doch vorzüglich diese Ehre [als erfolgversprechendes Prophylaktikum] *gebühre; und sie haben wenigstens das für sich, daß diese Krankheit gerade seit der Zeit, da sie angefangen haben den Gebrauch des Thees allgemein zu machen, sich vermindert hat. Man kan sich daher vorstellen, daß sie nie versäumen, sich mit dieser Ware zu versehen.*"[238]

Im Allgemeinen lässt sich sagen, dass der äußerst eingeschränkte Speiseplan an Bord immer wieder durch Nahrungsmittel aus der Arktis ergänzt wurde.[239] Jens J. Eschels (1757-1842) berichtet von geschossenen Rentieren, erlegten Gänsen und gesammelten Enteneiern,[240] und der Jungmann Ernst J. Ketels (1859-1949) jagt im Frühherbst 1876 auf *„Holländer Ø"*, einer Insel an der Südspitze Grönlands, Schneehühner und pflückt Beeren.[241] Es wurde darüber hinaus auch geangelt, hauptsächlich Kabeljau und Dorsch,[242] und gelegentlich, wenngleich selten, das Fleisch der erlegten Robben und Wale verzehrt. Vor allem das rote Fleisch eines jungen Wals schmeckt, nachdem man das daran haftende Fett entfernt hat, auf dem Rost gebraten und mit Pfeffer und Salz gewürzt wie grobfaseriges Rindfleisch, während das dunkle Fleisch alter Wale als ungenießbar galt.[243] Dass der reich gedeckte Tisch der Arktis freilich nicht häufiger genutzt und hauptsächlich an der ungesunden Pökel- und Trockenkost festgehalten wurde, mag aus heutiger Sicht unverständlich erscheinen.

---

238 Posselt 1796: 34. – Noch heute ist der Tee in vielen eingesessenen Föhrer Familien das vorherrschende Tagesgetränk, insbesondere während des Frühstücks oder Abendbrots, und dem Kaffe im jährlichen Kopfverbrauch durchaus ebenbürtig.
239 Münzing 1978: 24.
240 Eschels 2006: 58.
241 Ketels-Harken 2010: 76.
242 Ketels-Harken 2010: 43.
243 Lindeman 1869: 69 und Münzing 1978: 24.

6. Adrian Dircks' Winterreise 1781/82 auf der *Godthaab*

6.1. Bemerkungen zu Dircks' Journal 1781/82

Das Journal stammt aus der Feder des Walfangkommandeurs Ocke Erken (1753-1794) aus Oldsum auf Föhr, der nach seiner Heirat 1786 im Hause seines Schwiegervaters, des Kapitäns Jens Hemsen (1723-1800), in Wrixum Nr. 86 (heute: Ohl Dörp 52a) wohnte; er starb bereits Anfang 1794 während einer Mittelmeerfahrt im südspanischen Cartagena.[244] In den Schiffsjournalen des KGH erscheint Ocke Erken durchgehend unter seinem hollandisierten Namen Adrian Dircks. Das ist eines der zahlreichen Beispiele dafür, dass die Kapitäne auch unter dänischer Flagge ihren niederländischen Namen beibehielten. Auf der Titelseite steht vermerkt: *Jurnnal: Gehalten auf daß Schif Gootthaab Dorch Commendör Adrian Dircks auß gehende in 1781: den 14. September von Copenhagen nach strasse David.* Das Journal dokumentiert eine Winterreise in die Davisstraße in der Zeit vom 14. Sept. 1781 bis zum 2. Sept. 1782. Die Vorteile einer Überwinterung lagen auf der Hand, denn die daran beteiligten Schiffe konnten frühzeitig mit der Fischerei beginnen, noch bevor die konkurrierenden Sommerfahrer aus den europäischen Häfen in den traditionellen Fanggründen anlangten. Aufgrund der langen Fahrzeit, der Unannehmlichkeiten und der Gefahren im Eis waren Fahrten in die Davisstraße bei den Seeleuten äußerst unbeliebt.[245] Dennoch scheint die Aussicht auf eine vielversprechende Fischerei zu Beginn der Saison, ohne mit der lästigen Konkurrenz aus dem Süden um die ohnehin schon gezehntete Beute wetteifern zu müssen, für zahlreiche Seeleute offenbar ein überzeugendes Argument gewesen zu sein.

Bereits bei der Ausreise von Kopenhagen vereinbarte Ocke Erken *Mackerschaft* mit Kommandeur Jacob Olufs [holland.: Jacob

---

244 Vgl. Nerong 1898: 115 und Braren 1980: 2,354.
245 Vgl. Eschels 2006: 73.

58. Auszug aus Adrian Dircks' Journal der Winterreise nach Grönland 1781-82, hier 16./17. Mai 1782.

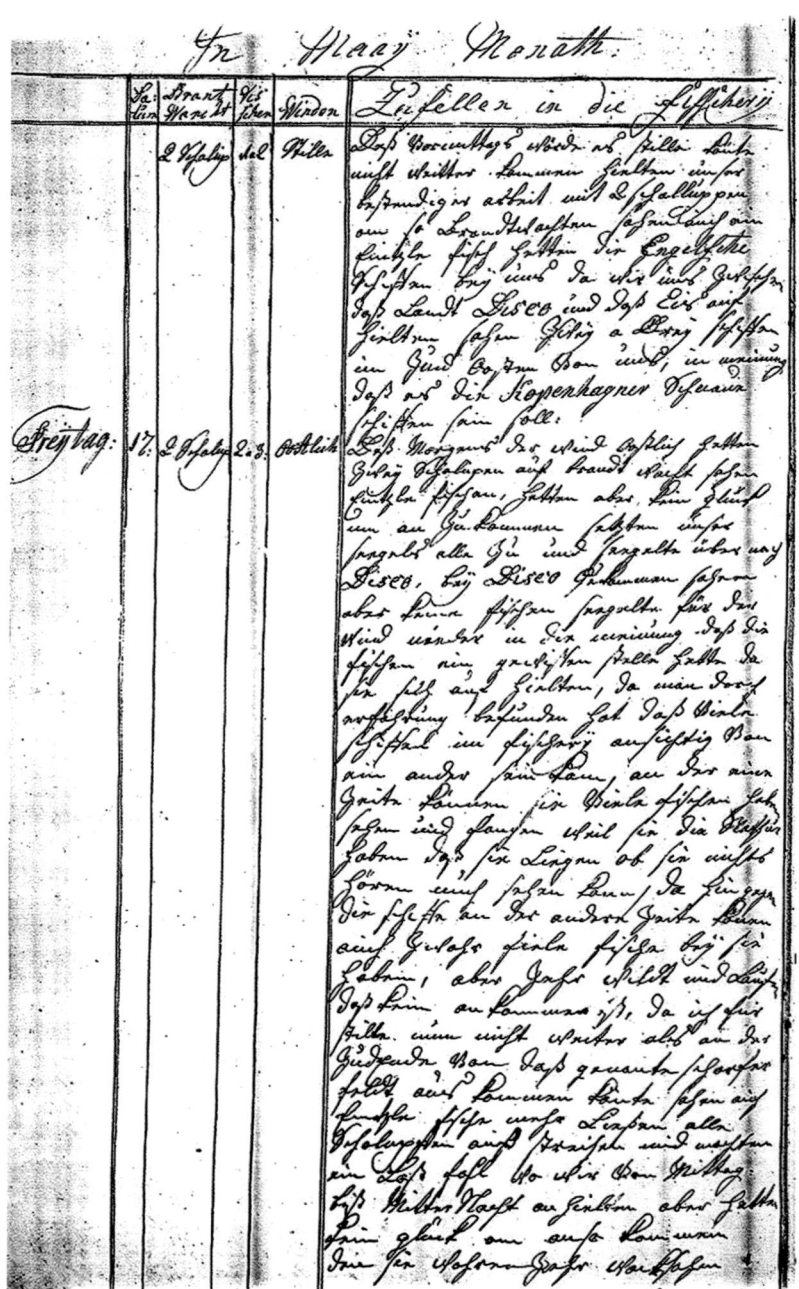

Rolefs] (1736-1821) aus Goting auf Föhr. Darunter versteht man eine nach niederländischem Vorbild verabredete, zeitlich begrenzte Partnerschaft zwischen zwei, gelegentlich auch drei Schiffen und ihren Mannschaften beim Fang und bei der anschließenden Verarbeitung eines Wals. Der Ertrag aus der gemeinsamen Beute wird dann geteilt. Auf diese Weise erklären sich in den Fanglisten Angaben wie „½ Fisch" oder „⅓ Fisch". Die *Mackerschaft* konnte bereits unterwegs von den beteiligten *Mackern* wieder abgesagt werden.[246]

Das Journal befindet sich im Archiv des KGH im Reichsarchiv Kopenhagen, eine Kopie davon neben fünf weiteren Kopien von Dircks geführten Journalen aus den Jahren 1784-1788 liegen im Archiv der Ferring Stiftung in Alkersum auf Föhr. Das durchweg gut zu entziffernde Journal wurde inzwischen von Karin und Kai Faltings abgeschrieben, wobei der besseren Lesbarkeit wegen eine sparsame Interpunktion eingeführt und offenkundige Verschreibungen stillschweigend korrigiert wurden. Dircks' eigenwillige und keineswegs genormte Orthographie sowie sein sonderbarer, aus heutiger Sicht vielfach agrammatisch erscheinende Scheibstil blieben jedoch unverändert. Es war bei der Abschrift nicht möglich, das Format eins zu eins in die Abschrift zu übertragen.

Auffälligerweise gestattete der KGH den friesischen Kommandeuren die Führung des Journals in deutscher Sprache. Jedoch hatten die Kommandeure, deren Muttersprache durchweg Friesisch war, auch mit dem Deutschen ihre unübersehbaren Schwierigkeiten, denn viele Redewendungen und Wörter sind dem friesischen oder dem niederländischen Sprachgebrauch entlehnt, so dass man stellenweise durchaus von einer friesisch-niederländisch-deutschen Mischsprache reden kann, dem hier und da zusätzlich noch dänische Einsprengsel beigemengt werden. Ohne friesische und niederländische Sprachkenntnisse, inbesondere in der damals vorherrschenden niederländischen Seefahrtsterminologie des 18. Jahrhunderts, sind diese Journale für einen heutigen Leser nur schwer verständlich.

---

246 Lindeman 1869: 36 und 52.

Eine festgelegte Form für das Führen der Logbücher scheint es im 18. Jahrhundert noch nicht gegeben zu haben, denn von Reise zu Reise und von Kapitän zu Kapitän variieren sie sowohl inhaltlich wie formal in ganz erheblichem Maße. Dabei ist das genannte Journal von der Winterreise des Kommandeurs A. Dircks im Jahre 1781/1782 insofern interessant, als neben den routinemäßigen, tabellarischen Eintragungen für Kurse, Winde und Distanzen auch unerwartet detaillierte Eintragungen über den Alltag und besondere Vorkommnisse an Bord begegnen. Daher eignet sich dieses Journal auf besondere Weise für eine chronologische Rekonstruktion einer solchen winterlichen Walfangfahrt, und zwar sowohl im Hinblick auf die Darstellung des gesegelten Kurses als auch der sozialen Strukturen an Bord und der damit verbundenen, zum Teil recht diffizilen Arbeitsvorgänge im Tagesablauf der Mannschaft und der Offiziere. Selbst über die Ausrüstung, den Proviant, vorfallende Krankheiten und das Verhältnis zu den Inuit, das in der Regel gut, aber doch aufgrund der unterschiedlichen kulturellen Hintergründe auf beiden Seiten nicht ohne Irritationen bleibt, gibt das Journal öfter sehr präzise Angaben. Den Umgang mit den Grönländern regelte übrigens detailliert die Verordnung vom 19. April 1782.[247]

6.2. Chronologie der Winterreise 1781-1782

September 1781:

Am 14. September verläßt Adrian Dircks mit der zweimastigen Schnau *Godthaab* die Kopenhagener Reede, um die Reise zur Davisstraße anzutreten, und *„zwahr auf Guthaven unsere fischerey aldar zuflegen unter Gottes Seegen“*. In der Nacht um zwei Uhr lässt der Kommandeur den Anker auf der Reede von Helsingör fallen, um seinem Macker, Kommandeur Jacob Olufs [Jacob Rolefs], bei der Behebung eines Ruderschadens zu helfen, den sein Schiff *Nepisene*, auch dieses eine Schnau, bereits kurz nach dem Auslaufen erlitten hat. Die Reise wird bald fortgesetzt. Am 18.

---

247 Bobé 1936: 371ff., Art. 4, §§ 1-6 und Frandsen 2010: 22f.

September nimmt Dircks bei gutem Wetter eine Kreuzpeilung mit *„Masterlands Karstel und der Thorn von Wingo"*. Am 25. bekommen sie *„Ternüsz"* (vermutlich Lindesnes) in Norwegen in Sicht, einen Tag später liegt es rechtweisend Nord voraus. Das Schiff ist relativ undicht, denn es muss viel und regelmäßig an der Lenzpumpe gearbeitet werden. Man begegnet mehreren Schiffen, unter anderem einem englischen Konvoi auf dem Weg nach Schottland, dem

man mit einem Signalschuss und dem *„Thunen"* (Zeigen) einer *„Engelsch flag"* die nötige Ehre bezeugt. Am 30. September erscheinen schließlich Fair Isle und *„Hitland"* (Shetland Inseln) am Horizont. Es wird erneut gepeilt und das Besteck verglichen.

Oktober 1781:

Der Kommandeur entscheidet sich, zwischen Fair Isle und Hitland hindurchzusegeln, da der Wind ungünstig steht, um Fair Isle nördlich zu lassen. Bei dieser Gelegenheit wird wieder das Besteck überprüft. Am 5. Oktober ist erstmals von einem Kranken an Bord die Rede. Dircks erbittet sich von Jacob Rolefs den Chirurgus Olrichs und lässt diesen mit einer Schaluppe vom Mackerschiff übersetzen, damit er den betroffenen Schiemann, der *„in rasserey verfallen"* sei, zur Ader lassen kann, eine bei auftretenden Erkrankungen immer wiederkehrende Standardmaßnahme, ohne Rücksicht auf die vorhandenen Symptome. Das *„hitzige fieber"* breitet sich zunehmend unter der Mannschaft aus. Zusätzliche Medikamente werden vom Mackerschiff herübergeholt. Das Wetter bleibt jedoch unverändert gut, und es werden zwischen 30 und 60 sm pro Etmal zurückgelegt. Am 10. Oktober frischt der Wind auf zu einem Sturm. Die Epidemie, wohl eine schwere Grippe, breitet sich an Bord weiter aus. Welcher Art

59. Die Altonaer Schnau *Louisa Augusta*, erbaut 1791, 50 CL, vor Anker in Livorno, Kapitän Jan Rörd Eschels (1753-1823) aus Nieblum auf Föhr, später Altona; zuvor unter dem Kommando von Kapitän John Jung Sönken [holland. Jan Simonsen] (1755-1828) aus Midlum auf Föhr. Die Schnau fuhr zwischen 1792 und 1800 von Altona aus unter dem Namen *Graf Ernst von Schimmelmann* auf Walfang, Kommandeur Christian Johannsen (1736-1821) aus Nieblum auf Föhr; kolorierter Stahlstich; (vgl. Lüden 1989: 127).

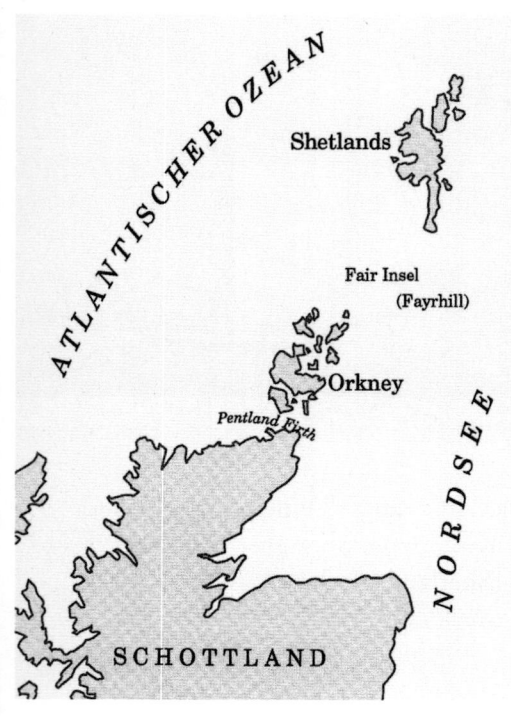

ATLANTISCHER OZEAN

Shetlands

Fair Insel
(Fayrhill)

Orkney

Pentland Firth

NORDSEE

SCHOTTLAND

60. Seegebiet zwischen den Shetland- und Orkney-Inseln, Schwelle zwischen Nordsee und Atlantik.

„*das hitzige fieber*" ist, wird indes nicht deutlich. Das Wetter bleibt wechselhaft mit Sturmtagen und starken Böen, wobei die Seen über Deck gehen. Am 24. Oktober berichtet Dircks stolz von einem unbekannten acht Pfund schweren Fisch, den er persönlich mit der Angel fängt. Am 30. Oktober vermerkt er: „*Die Krankheit herschet nuch sehr hart unter die manschaft da es scheint ob keiner frey gehen vom Krankheit.*" Einen Tag vorher hat das Schiff 129 sm gutgemacht.

November 1781:

Am 4. November werden 136 sm gemacht. Dierks beklagt sich am 7. November, „*das es stehet schlecht mit unsere Leuten. 13 liegen bestendig in die Kohy: Eintzle haben die Krankheit überstanden, aber es fehlet an kreften. Sie können kaum stehen*". Wieder lässt er den Chirurgus vom Mackerschiff an Bord kommen. Am 11. November wird der erste Eisberg gesichtet, und am Tag darauf erreicht man das Kap Farvel, die Südspitze Grönlands. Das Besteck wird verbessert, wobei die neue Länge gesondert vermerkt wird. Den Kranken geht es zunehmend besser. Immer häufiger ist Dircks in der zweiten Novemberhälfte gezwungen, durch das Eis zu segeln. Wo es möglich ist, wird durch terrestrische Navigation ein Schiffsort ermittelt. Am 26. November lässt der Kommandeur eine Positionslaterne anzünden, weil er in der Nähe andere Schiffe vermutet. Die gesunde Mannschaft ist damit beschäftigt, das Schiff vom Eis zu befreien. Dircks vermerkt, dass es aufgrund der kurzen Polartage schwierig sei, Landmarken zu erkennen. Die Temperatur beträgt zwischen -11° und -16° Celsius.

Dezember 1781:

Es herrscht wechselhaftes, unbeständiges Wetter. Die Mannschaft ist weiterhin sehr geschwächt von der inzwischen überstandenen

Seuche, wodurch die Arbeit an Bord stark beeinträchtigt ist. Am 5. Dezember vermerkt Dircks: *„Daß schif ist anjetzu kein schif mehr Gleiche, sondern ein Eis berg, den es ist von onten bis oben zum flügel knap mit Eis angefüllet, daß die bestendige ab arbeitong von der Manschaft weinig gegen daß anmehren Erstatten solle."* Es wird heißer Wein zubereitet und an die Mannschaft ausgegeben. Auch die Takelage ist gefroren. Laufende Leinen hält man mit heißem Wasser gangbar. Manchmal werden die Schoten gekappt, weil sie gefroren sind. Am 11. Dezember kommt ein Schiff in Sicht. Es werden vier Kanonenschüsse abgefeuert. Als man auf Rufweite ist, stellt sich heraus, dass es Kommandeur Jacob Rolefs mit dem Mackerschiff *Nepisene* ist. Man befindet sich sehr nahe unter Land. Am nächsten Tag kommen vier Grönländer an Bord. Dircks setzt seinen grönländischen Schiffsjungen als Übersetzer ein und erfährt, dass die Grönländer ihn *„zu dem Kaufmann"* (Vorsteher) der Kolonie bringen wollen. Am 13. Dezember lässt Dircks die Mannschaft und die Offiziere zusammenkommen, um über den

61. Ankunft bei Kap Farvel, dem südlichsten Punkt Grönlands, auf 59° 46' 28'' nördlicher Breite.

127

weiteren Verlauf der Reise zu beraten. Da die Mannschaft immer noch krank oder schwach ist und man in den vergangenen Tagen aufgrund des Wetters wieder um drei Grad nach Süden versetzt worden ist, schlägt er den nächsten geschützten Ankerplatz [vermutlich *Faltings Havn*] zum Überwintern vor. Dieser liegt nahe

62. Ansicht der südwest-grönländischen Kolonie Godthåb (Nuuk), vor 1900.

der Kolonie Godthåb in Südgrönland. Die Mannschaft und die Offiziere stimmen zu, so dass sie schließlich am 15. Dezember dort anlangen. Auch Jacob Rolefs läuft mit seinem Schiff in denselben Hafen ein. Kommandeur Hark Nickelsen (1746-1786) aus Wrixum auf Föhr, der zu Dircks an Bord kommt, hat Godthåb auf der Schnau *Omanak* schon vorher erreicht.[248] Das Schiff wird abgetakelt und die Ausrüstung im Zwischendeck verstaut. Der Kaufmann, d.h. der Vorsteher der Kolonie, leiht dem Schiff einen Kachelofen. Dircks verbietet ausdrücklich bei Strafe, diesen Ofen mit Holz zu befeuern, dafür sollen Steinkohlen verwendet werden. Am 23. Dezember erhält Dircks einen Brief des Kaufmanns

---

248 Auf der Rückreise 1782 verlor Hark Nickelsen das Schiff auf Höhe der Kolonie Frederikshåb/Südgrönland durch einen Brand, und 1786 verunglückte er zwischen dem 20. und 24. Oktober mit der *Sct. Peder* auf der Heimreise von Frederikshåb, wobei die gesamte Mannschaft ihr Leben verlor, darunter viele Föhringer; vgl. Riewerts/Roeloffs 1996: 270, Anm. 13.

und des Pastors, dass die Schnau *Disco* unter Kommandeur Boy Bohn (1732-1795) aus Alkersum auf Föhr mittlerweile *„auf Sukkertopfs hafen gekommen"* (Sukkertoppen/Südgrönland) sei. Weihnachten werden 50 Robbenfelle und 28 Rollen holländischer Tabak an die Mannschaft ausgeteilt.

Januar 1782:

Überwinterung in Godthåb. Das neue Jahr beginnt mit einer Predigt. Der Zimmermann ist mit Instandhaltungsarbeiten beschäftigt. Am 2. Januar stirbt der Harpunier Jung Sönk Bohn (1757-1782) aus Oldsum auf Föhr im Alter von 24 Jahren, der eine Woche krank gewesen ist. Dircks vermerkt, es sei die gleiche Krankheit gewesen, welche schon die ganze Zeit an Bord geherrscht habe. Der *„Timmerman und Dißler"* fertigt einen Sarg an und lässt ein Grab ausheben. Zwei Tage später wird der Harpunier beerdigt. Es ist bis zu -21° C kalt. Am 15. Januar bringen sie *„6 Tonnen Maltzs"* zur Kolonie, um zum zweiten Male Bier zu brauen. Gelegentlich bekommt die Mannschaft frei, um an Land zu gehen.

63. Eisfelder in der Disko-Bucht vor Jacobshavn (Ilu:issat), Frühjahr 1980.

129

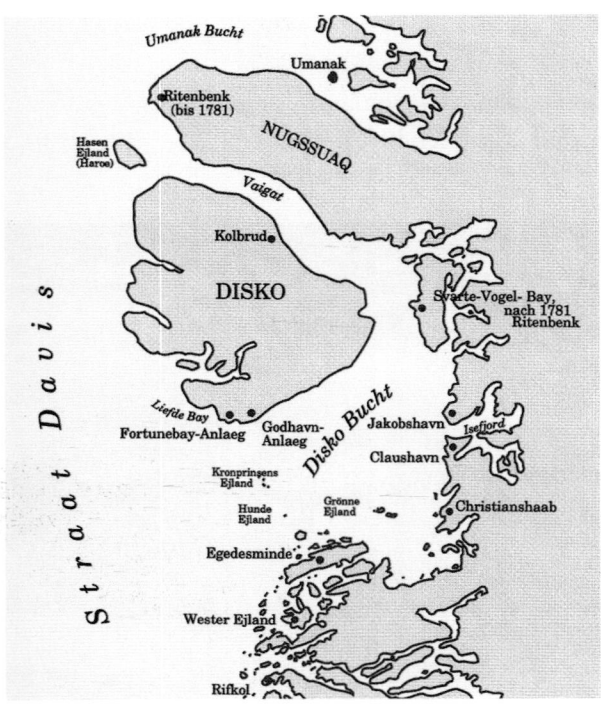

Umanak Bucht
ᴅ
Umanak
Ritenbenk
(bis 1781)
Hasen
Ejland
(Harœ)
NUGSSUAQ
Vaigat
Kolbrud
DISKO
Svarte-Vogel- Bay,
nach 1781
Ritenbenk
Liefde Bay
Fortunebay-Anlaeg
Godhavn-
Anlaeg
Disko Bucht
Jakobshavn
Isefjord
Clanshavn
Kronprinsens
Ejland
Hunde
Ejland
Grönne
Ejland
Christianshaab
Egedesminde
Wester Ejland
Rifkol
Straat Davis

64. Die westgrön-
ländische Küste
zwischen dem 68.
und 71. Breitengrad
mit der Disko-
Bucht, einem bevor-
zugten Fanggebiet
der Walfänger.

Februar 1782:

Am 8. Februar lässt Dircks das Fleet für die Fischerei warten. Dircks kommt von einem Landgang zurück und sieht, dass die Mannschaft den Kachelofen mit Holz befeuert. Dircks wirft das glühende Ofenrohr über Bord. Trotzdem befeuert die Mannschaft am 21. Februar den Kachelofen erneut mit Holz. Der Matrose Agge Axen wird deswegen handgreiflich mit dem Steuermann Jacob Carstens (1760-1824) aus Oevenum auf Föhr. Dircks beruft daraufhin den Schiffsrat ein, wobei man sich auf 27 Schläge *„vom tamp för spil"* einigt, die man dem Übeltäter als angemessene Strafe auferlegt. Es wird erneut Bier gebraut und über ein ausgeprägtes Rattenproblem an Bord geklagt.

März 1782:

Am 9. März schreibt Dircks: *„... die Offecirs haben heute ihre Harponen an die Vorgangers Gespannet. Daß Geredschap so der Vischery ist alles bereit fertig."* Am 14. März läßt er eine Schaluppe aussetzen, um festzustellen, ob die Bucht eisfrei ist. Es wird kein Eis gesichtet. Das Schiff ist noch vom Eis besetzt, welches von der Mannschaft von den Schaluppen aus gebrochen wird. Am 18. März meldet Dircks das Schiff als segelfertig. Sie warten auf eine günstige Gelegenheit zum Auslaufen. Der ausgeliehene Kachelofen wird wieder vom Kaufmann abgeholt. Schließlich steht am 20. März der Wind günstig, so dass sie endlich auslaufen können. Drei Tage später kommt Sukkertoppen in Sicht. Am 24. März wird der erste Wal gesichtet, jedoch sind die Schaluppen noch nicht bereit. Sie umsegeln viele Eisberge. Wegen der Eisverhältnisse ankern sie an einer geschützten Stelle, wo *„woll kein Schiff nie geliegen hat.“*

April 1782:

Am 3. April sehen sie ein Schiff, welches sie für die *Omanak* halten, geführt von Kommandeur Hark Nickelsen (1746-1786) aus Wrixum auf Föhr, das sich am 7. April zu den anderen beiden Schiffen, der *Godthaab* und ihrem Mackerschiff *Nepisene*, vor Anker legt. Die *Godthaab* kommt immer noch nicht vom Eis frei. Erst am 14. April werden die „Fischgründe" erreicht. Einen Tag später verliert die Mannschaft einen Wal, indem die Harpune ausschlitzt. Die KGH-Schiffe *Godthaab*, *Disco*, *Nepisene* und *Omanak* liegen beieinander. Am 20. April erbeutet die *Godthaab* den ersten Wal. Am 24. April erhalten sie vom Vorsteher der Kolonie Egedesminde eine Schaluppe. Gelegentlich werden Wale gesehen und die Schaluppen danach ausgesetzt, wobei das Schiff durch große Packeisfelder „bohrt", doch das Eis verhindert viele Gelegenheiten, weitere Wale zu harpunieren.

66. Ansicht der nordwestgrönländischen Kolonie Egedesminde (Aasiaat), 1896.

Mai: 1782

Am 8. Mai werden viele Wale gesehen. Einer der Harpuniere, Lorenz Sönken (1760-1827) aus Dunsum auf Föhr, schießt an einem Fisch fest, jedoch zertrümmert dieser die Schaluppe mit einem heftigen Schlag seiner Fluke. Auch reißt die Harpunenleine. Am gleichen Tag erlegt Lorenz Sönken jedoch einen anderen Wal, der sofort verarbeitet wird. Am 15. Mai wird der dritte Wal gefangen. Dircks lässt die Disko-Bucht ansteuern in der Hoffnung, dort viele Wale anzutreffen. Als sie dort ankommen, gelingt es ihnen, am 19. Mai den vierten Wal zu erlegen. Am 23. Mai harpuniert der Speckschneidermaat Peter Tayen [holland.: Pieter Teunisz.] (1753-1815) aus Dunsum auf Föhr erneut einen Wal, der umgehend verarbeitet wird. Außerdem erhält Dircks an diesem Tag von Kaufmann Sven Sandgreen (1734-1793), Vorsteher der Kolonie Godhavn, einen Brief, wonach die Grönländer acht Wale erlegt hätten, es aber niemanden gebe, diese Fische zu flensen, denn *„die Grönlanders hetten kein Lost da zu"*. Die *Godthaab* und *Nepisene* einigen sich mit den Inuit auf ein gemeinsames Vorgehen hinsichtlich der Verarbeitung der gefangenen acht Wale und eine

132

gerechte Verteilung der Beute sowie auf eine weitere Kooperation mit ihnen. Zwei Tage später werden zusammen mit den Grönländern zwei weitere Wale erbeutet. Die Mannschaft arbeitet ununterbrochen daran, die erlegten Wale zu verarbeiten. Schließlich verfügt man an Bord über zu wenig Speckfässer. Darum werden Proviantfässer mit Speck gefüllt und darüber hinaus der Speck in einer vorläufigen Maßnahme auf Leinen gezogen und im Seewasser gekühlt. Überschüssiger Proviant, wie Brennholz und Kohlen, werden an Land gegeben. Dircks vermerkt, dass *„Deß Tages als 16 stunden unser arbeit mit Möglichster fleiß von der Manschaft mit Speck in die fesser so füllen getrieben wird".*

67. Die Bark *Nordlyset* vor Anker in der nordwestgrönländischen Kolonie Ritenbenk in der Disko-Bucht.

Juni 1782:

Die Mannschaft ist bis zum 15. Juni damit beschäftigt, den erbeuteten Speck in die Fässer zu füllen. Da das Schiff abgeladen ist, wird der restliche Speck in der Kolonie ins Speckhaus gebracht. Die vom Kaufmann geliehenen Schaluppen werden

68. Blick über die nordwestgrönländische Siedlung Jacobshavn (Ilulissat), Frühjahr 1980.

69. Die Brigg *Constance* vor Anker in der nordwestgrönländischen Kolonie Umanak, nördlich der Disko-Bucht, 1891. Das 1856 in Flensburg fertiggestellte Schiff von 216 BRT machte in Diensten des KGH von 1857-1903 insgesamt 48 Reisen nach Grönland, die erste unter dem Kommando von Kapitän Volkert F. Faltings (1815-1897) aus Oldsum auf Föhr.

zurückgegeben und das Schiff wird für die Rückreise nach Kopenhagen mit Proviant und Wasser ausgerüstet. Am 27. Juni verlassen sie die Disko-Bucht, wobei sechs Mann der Mannschaft vor Ort in der Walfängerstation Godhavn zurückbleiben, um diese zu betreiben, darunter der Föhrer Eschel Jacobs (1721-1804) aus Oevenum. Dagegen wird ein Mann von der Station mit zurückgenommen nach Kopenhagen. Am 29. Juni ankert das Schiff in Egedesminde, damit die Mannschaft sich ausruhen kann. Weitere Wasserfässer werden an Bord genommen und das Schiff geteert.

Juli 1782:

Das Schiff wird weiter segelfertig gemacht, und man wartet auf gute Bedingungen zum Auslaufen. Am 5. Juli treten sie die Rückreise an, die den gesamten Juli über ohne nennenswerte Ereignis-

70. Die winterliche Kolonie Godhavn (Qeqertarsuaq) mit Hafen, Sitz des Verwaltungsbezirks Nordgrönland, Dezember 1912.

se verläuft. Am 27. Juli fängt die Mannschaft an, das Schiff und die Ausrüstung zu reinigen und die Ausrüstungsgegenstände zu verstauen.

August 1782:

Das Schiff wird weiter rein gemacht. Im Kabelgatt werden an den Leinen große Schäden durch Ratten festgestellt. Es sammelt sich viel Tran in der Bilge, welches die Mannschaft wieder in die Fässer füllt. Am 22. August lässt Dircks die Färöer anlaufen, *„um Land kenning zu be kommen"*. Einen Tag später vermerkt Dircks: *„Stellete unser Korß auf Föllu an: in absicht um zwischen Hittland und die Arcades Intzeln dorch zu seeglen, der weg desto gerader nach Ter Neus oder Jedder von Norwegen vort zu setzen."*

Am 26. August kommt Foula, eine kleine Insel südwestlich der Shetlands, in Sicht, bei welcher Gelegenheit das Besteck verbessert wird. Tags darauf kauft Dircks von Fischern frischen Fisch, da etliche Besatzungsmitglieder an Skorbut erkrankt sind. Am 29. August sehen sie die Küsten Norwegens, und am 31. August lässt Dircks auf der Reede von Helsingör Anker werfen.

September 1782:

Am 2. September schließt Dircks das Journal mit den Worten: *„Hoben unser anker auf: und Seegelten in auf Kopenhagen reden wo wir om 10 Uhr zu anker kam und verhoffe, mit welchem ich Journallen schließe, daß Jeres Heubehren heit: mein gemeines schr. Nicht werde vor ungütig auf nehmen. Weiter Danke ich Gott vor Gluck und behalte reiße."*

6.3. Zur Navigation

Die Bestimmung der geographischen Breite, d.h. der nördlichen oder südlichen Entfernung eines Punktes auf der Erdoberfläche vom Äquator, wurde seit dem späten 15. Jahrhundert an der Höhe der Sonne gemessen (Mittagsbreite). Dabei wird die Sonne an ihrem höchsten Mittagsstand mit einem Winkelmessinstrument, z.B. einem Jakobsstab, Oktanten oder Sextanten beobachtet und der Kimmabstand, d.h. der Winkel zwischen der Sonne und dem sichtbaren – in Wirklichkeit nur scheinbaren – Horizont gemessen. Aufgrund der Diskrepanz zwischen dem scheinbaren und dem tatsächlichen Horizont muss der gemessene Kimmabstand durch Korrekturwerte beschickt werden, die einer Tabelle zu entnehmen sind. Durch die Anwendung einfacher Formeln lässt sich die geographische Breite nun recht genau ermitteln.

Auch Dircks hat, wenn die Bedingungen es zuließen, die geographische Breite auf diese Weise bestimmt. Die so ermittelte Breite wird in einer gesonderten Spalte unter der Rubrik *beobachtet* vermerkt. Lassen die meteorologischen Verhältnisse keine

Beobachtungen zu, lässt er die Spalte aus. Wird die geographische Breite oder die Länge durch terrestrische Beobachtungen bestimmt, erwähnt er das im laufenden Text, wie z.B.: *„Deß Mittags zur ½ uhr hetten wir Masterlands Karstel und der Thorn von uns daß Karstel ONO¼O der Thorn ZO¼: stunde danachs unsern Kreuß Peyling von yeder vorgemelde stelle 3½ Miil. ab: hetten es zur 12 uhr west ward über gewendt.“*[249] Peilungen und Kurse sind dabei nach der traditionellen Richtungsangabe vermerkt, die nicht – wie heute üblich – in Grad, sondern nach der in 32 Strich eingeteilten Kompassrose angegeben werden, wobei ein Strich 11¼ Grad entspricht gemäß dem Quotienten von 360° : 32 Strich. Insofern war es möglich, mit einer Genauigkeit von ¼ Grad (0.25°) zu rechnen.

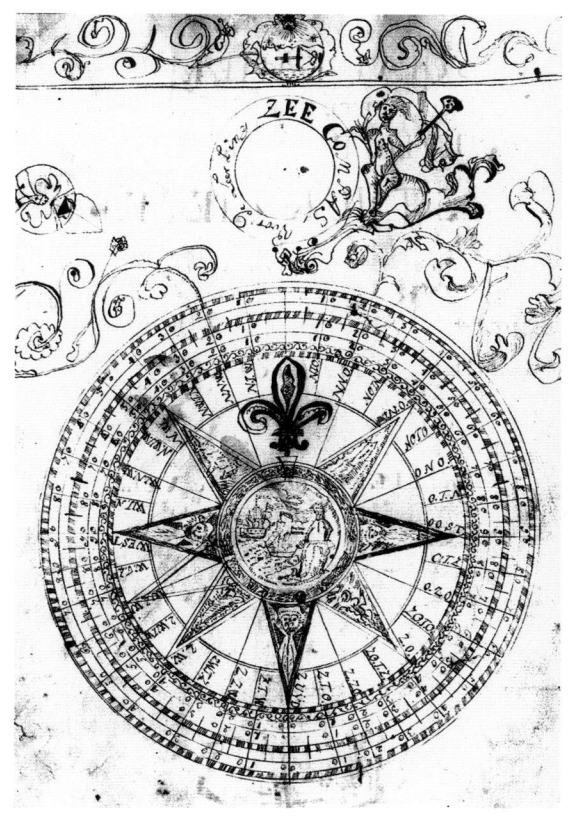

71. Die Kompassrose; Zeichnung aus Nanning Adriaansz.' *Schat-Kamer ofte Konst der Stuur-Lieden*, 1743.

Viel schwieriger als die Bestimmung der geographischen Breite gestaltete sich zu Dircks' Zeiten die Bestimmung der geographischen Länge. Für ihre Berechnung ist wiederum eine genaue Kenntnis der Zeit notwendig. Das war bis weit in das 18. Jahrhundert hinein ein Problem, denn es gab kein Zeitmess-Instrument, das in der Lage war, den Stampf- und Rollbewegungen eines Schiffes zu trotzen und eine präzise Uhrzeit über einen längeren Zeitraum zu liefern. Das änderte sich erst, als das britische Parlament 1714 ein hohes Preisgeld von 20.000 £ für die Entwicklung einer auf See anwendbaren Methode zur exakten Bestimmung der geographischen Länge auslobte und der Londoner

---

249 Dircks 1781: 4.

Uhrmacher John Harrison (1693-1776) daraufhin begann, ein brauchbares Schiffschronometer zu entwickeln. Diese bahnbrechende Erfindung war jedoch insbesondere in der Anfangszeit ein kostbares, ja, beinahe unbezahlbares Hightech-Instrument, und bis weit in das 19. Jahrhundert hinein gehörten Chronometer keinesfalls zur Standartausrüstung eines Seeschiffes. So berichtet auch Joachim Hinrichsen (1846-1930) aus Toftum auf Föhr, der von 1865-1867 auf verschiedenen Transportschiffen des KGH nach Grönland fuhr, in seinen Memoiren: *„Die Breite hätten sie ohne Schwierigkeiten nach der Sonne selbst bestimmen können, aber zu dieser Zeit gab es noch viele, die ohne Chronometer navigierten, so daß sie die Länge lediglich ungenau feststellen konnten."*[250] Auch Ernst J. Ketels' Aussage, das Chronometer sei erst unmittelbar vor dem Auslaufen vom „Comptoir" des KGH geholt worden,[251] zeugt von dessen hohen Wert, denn es verblieb nicht mit der anderen Standartausrüstung an Bord des Schiffes. Erst in der zweiten Hälfte des 20. Jahrhunderts wird das Chronometer mit der Entwicklung der Quarzuhr überflüssig, die wiederum inzwischen ihre Bedeutung durch die globale Einführung des satellitengestützten GPS-Systems verloren hat.

Daher mussten Dircks und seine Zeitgenossen sich im 18. Jahrhundert einer anderen Methode bedienen, um die geographische Länge zu bestimmen. Das geschah, wenn es keine Gelegenheit für eine terrestrische Ortsbestimmung gab, anhand einer aufwändigen Koppelnavigation, d.h. vermittels einer regelmäßigen Ortung des Schiffes durch Messen des *Kurses* (Bewegungsrichtung), der *Fahrt* (Geschwindigkeit) und der *Zeit*, wobei die Fahrt zwischen den Zeitintervallen als konstant angenommen wird.[252] Dircks' Journal vermerkt die täglichen Messwerte in einer Logtafel, was seinerzeit durchaus noch nicht üblich war. Hierbei werden für jede Wache der wachhabende Offizier, die Dauer der Wache, die

---

250 Faltings 1988: 66.
251 Ketels-Harken 2010: 37.
252 Claviez 1994: 204.

gesteuerten Kurse, die gutgemachte Distanz, die geschätzte *Wrak* (Abtrift), der verbesserte Kurs und die Windrichtung angegeben.

Beim Koppeln der Position verfährt A. Dircks für ein *Etmal*, d.h. von einer Mittagsposition zur nächsten, wie folgt: Zuerst wird für jede Wache der gesteuerte Kurs um die geschätzte *Wrak* (Abtrift) und die Missweisung korrigiert. Auf diese Weise erhält er für jede Wache den verbesserten Kurs. Sodann rechnet er den verbesserten Kurs jeder Wache in Kompassstriche (1 Strich = 11.25°) um und ermittelt im Weiteren unter Anwendung der ebenen Geometrie für jede Wache die Versetzungen nach Nord und Süd, die schließlich addiert werden. Das Gleiche geschieht für die geographische Länge. Aus den solcherart gewonnenen

139

Werten des Längen- und Breitenunterschieds wird wiederum mit Hilfe der ebenen Geometrie der Generalkurs und die Distanz ermittelt. Ob dabei für die Lösung der Kosinussätze Tabellen oder andere Hilfsmittel verwendet wurden, ist nicht ganz klar. Vielleicht bediente sich Dircks eines Reduktionsquadranten. Dr. Kai Faltings, Bildarchivar der Ferring Stiftung, der sich intensiv mit Adrian Dircks' Schiffsjournalen auseinandergesetzt hat, teilt mir mit, dass er Dircks' Kalkulationen mit Hilfe einer solchen historischen Rechenhilfe nachvollzogen habe, was problemlos vonstatten gegangen sei. Die *gegisste* (gekoppelte) Breite ergibt sich dann unmittelbar aus der Addition der „abgefahrenen" Breite vom Vortag mit der veränderten Breite. Die Ermittlung der gekoppelten Länge ist etwas aufwändiger. Hierbei muss die nach der ebenen Geometrie ermittelte veränderte Länge nach der „platten Karte" umgerechnet werden, da im Gegensatz zur Breitenminute eine Längenminute nicht einer Seemeile entspricht. Das geschieht gemäß den Regeln der Navigation über die mittlere Breite aus der neuen Breite und der „abgefahrenen Breite" vom Vortag. Darauf wird die veränderte Länge von der „platten Karte" in die veränderte Länge der „runden Karte" umgerechnet. Die neue gekoppelte Länge ergibt sich nun – genau wie die gekoppelte neue Breite – durch Addition der abgefahrenen Länge mit der veränderten Länge.

Es sei an dieser Stelle bemerkt, dass in der benutzten Abschrift von Karin und Kai Faltings zwar die Logtafeln für jeden Tag vermerkt sind, nicht aber die dazu gehörigen Rechnungen. Diese können jedoch im Original leicht nachvollzogen werden. Distanzen sind in Seemeilen und die Gesamtdistanz für ein Etmal zusätzlich in Landmeilen (¼ sm) angegeben, wahrscheinlich zum besseren Verständnis der Verantwortlichen in der Direktion des KGH. Das folgende Beispiel einer Logtafel vom 30. Oktober 1781 soll das verdeutlichen:[253]

---

253 Dircks 1781: 20.

Wacht	Stunden	gesteuert Corsen	Miil	Wrak	Verbessert Corsen	Winden
N	*4*	*WNW*	*2¼*	*1*	*ZWzW¾W*	*Norden*
P	*4*	*W½Z*	*3*	*¾*	*ZW½Z*	*NNW*
E	*4*	*WZW¼W*	*3¾*	*¾*	*ZZW¼W*	*NW*
H	*4*	*WZW¼W*	*3¾*	*¾*	*ZZW¼W*	*NW*
T	*4*	*WzW¼W*	*3½*	*¾*	*ZWzZ*	*NWzN*
F	*4*	*WZW½W*	*3*	*¾*	*ZZW½W*	*NWzN*
	geändert	**abgefahren**	**gegißt**	**beobachtet**	**Generale Cors**	**Distanse**
Breete	*-1° 3¾'*	*58° 4'*	*57° 1¼'*	*57° 2'*	*ZWzZ*	*76 sm*
Lengte	*-1°18½'*	*348° ½'*	*346° 42'*			

Man muss sich darüber im Klaren sein, dass die Berechnungen und auch die Logtafeln keineswegs direkt in die Journale eingetragen wurden. Dafür begegnen dort zu wenige Verbesserungen. Wahrscheinlich wurden die Rechnungen erst in einer Kladde oder auf einer Schiefertafel angelegt, gegebenenfalls unter Zuhilfenahme eines Pinnkompasses, bevor der Kommandeur sie in sauberer Reinschrift in das Journal übertrug. Fehler wurden dabei nicht unkenntlich gemacht, sondern unterstrichen.

Auffällig ist ferner, dass es zu Dircks' Zeiten das heutige Bezugssystem auf Greenwich noch nicht gab. Der Nullmeridian von Greenwich wurde erst gut 100 Jahre später, nämlich 1884, einheitlich und verbindlich festgelegt.[254] Vermutlich existierte noch kein festgelegter Punkt für den Nullmeridian. Ebenfalls wurden die Längenmeridiane vom Nullmeridian vollkreisig bis 360° gezählt; die heutige Aufteilung in 180° Ost und West gab es zumindest in dem Bezugssystem, das Dircks benutzte, nicht. Als Bezugspunkt für den Nullmeridian erwähnt Dircks am 10. August 1782 eindeutig den *Pico del Teide*, die höchste Erhebung

---

254 Mayer-Haßfurther 2005: 228.

auf der kanarischen Insel Teneriffa.[255] Freilich war die Präzision historischer Seekarten, bedingt durch die ungenauen Vermessungstechniken der damaligen Kartographie, keineswegs mit der moderner Karten zu vergleichen. Der *Pico del Teide* liegt nach heutiger Kenntnis geographisch auf $\varphi = 28° 16.5'$ N und $\lambda = 016° 38.5'$ W. Zu Dircks' Zeiten wurde dagegen eine westliche Länge von 15° 34' (nach Greenwich) angenommen. So berechnet Dircks ebenfalls die Lage des *Kap Farvel* an der Südspitze Grönlands auf einer Länge von $\lambda = 032° 55.3'$ westlich des Pico del Teide, während es aus heutiger Sicht $\lambda = 028° 21'$ westlich des Teide sein müssten.[256]

73. Hölzerner Pinnkompass, 19. Jh. Der Pinnkompass, bestehend aus Windrose und Zeittafel, diente als Gedächtnisstütze für den gesegelten Kurs und die Geschwindigkeit. Mittels kleiner Holzpflöcke (Pinne), die an Bindfäden befestigt waren und die vom Rudergänger zu bestimmten Zeiten gesteckt wurden, nahm man eine Gissung wahr.

Aufgrund der ungenauen Seekarten und der Koppelnavigation ist es deshalb nicht verwunderlich, dass auch Dircks keine Gelegenheit auslässt, das Besteck anhand von Landpeilungen zu verbessern, wie z.B. am 26. August 1782, als er die Insel Foula südwestlich von Shetland zur Verbesserung des Bestecks ansegelt: *„Weil wir mit unsern Besteck Hittlandt schon haben, so Ließ ich es heute nacht auf Fulo an Seegeln, weil wir hellem wetter haben"*. Er erhält dabei eine Korrektur der Länge von fast 3°.[257] Die Breiten stimmen dagegen mit seinen bis dahin ermittelten Positionen recht gut überein. Insofern war es für die damaligen Navigatoren auch nicht schwierig, den herkömmlichen Ansteuerungspunkt *Kap Farvel* an der Südspitze Grönlands einigermaßen zielsicher zu erreichen. Hatte man die Faröer-Inseln und die Shetlands erst einmal passiert, war es möglich, den gesteckten NNW-Kurs so lange beizubehalten, bis der 60. Breitengrad erreicht war, denn auf diesem liegt das *Kap Farvel* ziemlich genau. Nun hielt man sich konstant westlich, bis irgendwann die allen Grönlandkommandeuren bekannte Landmarke des Kaps

---

255 Dircks 1781: 87.
256 Dr. Kai Faltings, mündlich.
257 Dircks 1781: 93.

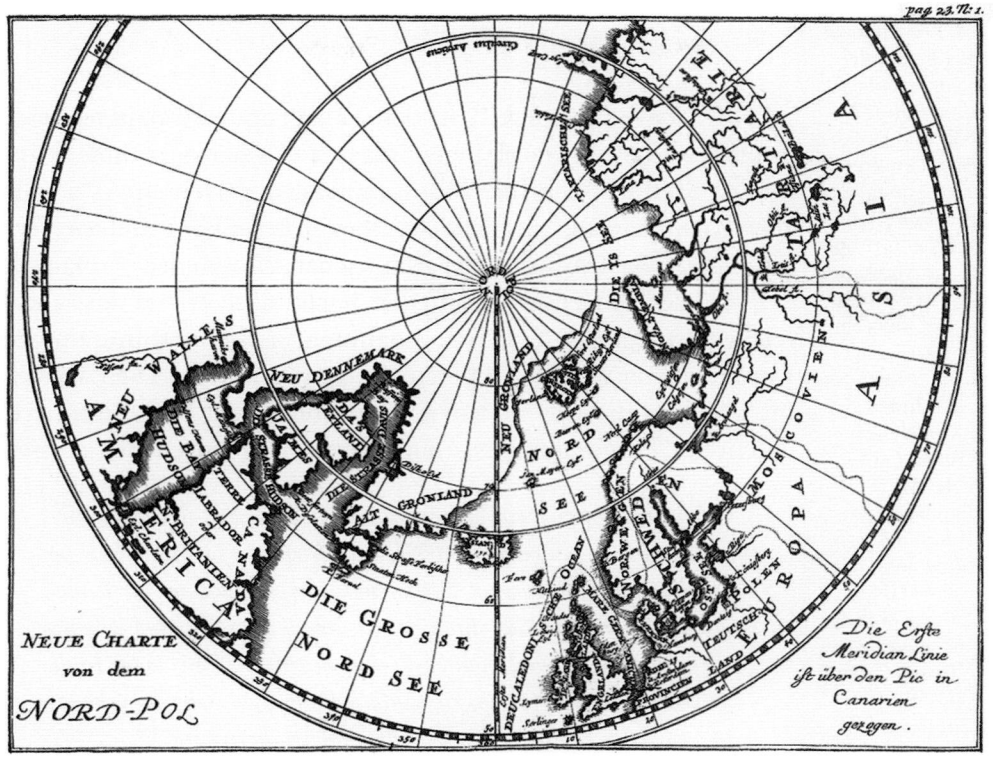

vor Augen auftauchte. Natürlich wurde währendessen wieder fleißig mitgekoppelt. Auch Dircks verfährt so, bis ihm am 12. November 1781 *Kap Farvel* auf φ = 59° 41.8' N in Sicht kommt.

6.4. Fang und Verarbeitung des Wals

Wie bei jeder Jagd ist der Jagderfolg auch im Walfang von Glück und unvorhersehbaren Zufällen abhängig, was schon der Hamburger Schiffschirurgus Friderich Martens (1635-1699) in seiner „Groenlandischen Reise Beschreibung" von 1675 ganz treffend beobachtete:

> *„Dieses Glück vom Wallfischfang fält wie eine Würffel im Spiel, und dazu gehöret eben kein grosser Witz, selbige zu finden. Der eine siehet*

74. *Neue Charte von dem Nordpol,* 1723; aus: C.G. Zorgdrager, *Alte und neue Grönländische Fischerei und Wallfischfang,* 1723: 22. Man beachte, dass sich auch auf dieser Karte der Nullmeridian auf den Pico del Teide, die höchste Erhebung der kanarischen Insel Teneriffa, bezieht.

143

75. Eisfischerei auf dem 78. Breitengrad in den Treibeisfeldern vor Grönland im Juni 1778; Aquarell- und Deckfarbenmalerei eines Besatzungsmitgliedes der *Baron Kragh Juel Wind*, 1778. Das aus Archsum auf Sylt stammende Blatt zeigt links ein havariertes schottisches Schiff aus Leith b. Edinburgh, Kommandeur William Leister, in der Mitte das erfolgreiche Bootschiff *Baron Kragh Juel Wind* unter der Flagge des KGH mit 6 erbeuteten Walen, Kommandeur Peter Jensen Groot (1731-1794) aus Keitum auf Sylt, rechts das niederländische Schiff *St. Andreas* aus Amsterdam, Kommandeur Jan Laurus Willies.

und bekombt mehr als er begehret, und der ander auff eine halbe Meil davon fanget und siehet keinen."[258]

Noch bevor das Schiff in den Fanggründen anlangte, etwa in Höhe des 61. bis 66. Längengrades, rief der Kommandeur am großen Spill das Schiffsvolk zusammen, um nach einer förmlichen Ansprache die anfallenden Arbeiten beim Fang und der Verarbeitung des Wals unter der Mannschaft einzuteilen.[259] Danach begann die Jagd zunächst mit der Suche nach einem aussichtsreichen Fanggebiet, einem sogenannten *Fischrevier*, in dem der Kommandeur Wale in größeren Mengen vermutete. Die Lage der Fischreviere, die sich an dem jährlichen Lauf der Wale orientiert, beschreibt Zorgdrager zusammenfassend folgendermaßen:

„... von der Strasse Davis oder von Island an, längst dem Saum des West Eises bis an Jan Mayen Eiland, und also ferner längst desselbigen Saumes bis an Spitzbergen, weiter von dem Südkap in Spitzbergen längst dem Rande des Süd-Eises, so süd- und ostwerts Spitzbergen lieget, bis an Nova Zembla, und von dar durch den Waigats bis in die Tartarische See, und folgens rund um den Nordpol, oder so nahe, als man wegen des Eises und Landes demselben nähern kan."[260]

Bei der Auswahl des richtigen Fischrevieres war viel Erfahrung und Intuition gefragt, denn in Anbetracht der unendlichen Weiten des Eismeeres konnten die Walschulen überall und nirgendwo auftauchen. Oft vergingen Wochen, ohne dass auch nur ein einziger Wal gesichtet wurde, und plötzlich tauchten die Tiere in beträchtlicher Anzahl auf.[261] Im günstigsten Fall, das heißt bei passablen Wetterverhältnissen und idealen Jagdbedingungen, konnte es dann gelingen, das Schiff innerhalb weniger Tage mit Speck abzuladen und die Rückreise anzutreten. Als potentielle Jagdreviere wurden die Randgebiete großer Eisfelder angesehen,

258 Martens 1675: 31.
259 Lindeman 1869: 21.
260 Zorgdrager 1723: 160; vgl. auch Lindeman 1869: 19.
261 Münzing 1978: 16.

Eine Eisfläche.

Das verunglückte Schiff von Leith in Schotland Commandeur William Leister Im Jahre 1775 im Monat Juni.

Das Schiff von dem Königl. Handel u. Fischfang Richson v. Coppenhagen genannt Baron Krag Juul-Wind Commandeur Peter Hansen Groot an ein Eisfeld liegend 6 Fischen gefangen u. 4 verloren, in allen in 24 Fischen gefe. gewesen, auf der Norder Polhöhe v. 75 Gr. 40' M. im Jahre 1775 im Mon. Juni.

Das Schiff von Amsterdam genannt St. Andreas Commandeur Jan Laurus Mallies Im Jahre 1778 im Monat Juni.

wobei man bevorzugt Ausschau hielt nach einer Lücke im Treibeis, durch die die Wale gerne zogen. Insbesondere klare, stille Wetter, in denen der Wal oft unbeweglich – gleichsam horchend – im freien Wasser lag, versprachen wenig Jagderfolg, da die Beute die Ruderschläge der herannahenden Schaluppe schon von weitem hörte und frühzeitig abtauchte. Lag der Wal dagegen an einem Eisfeld, übertönte die gegen das Eis brandende See jegliches Rudergeräusch, und die Aussicht, ihn dort überraschen und harpunieren zu können, war ungleich größer. Günstig auf das Jagdglück wirkte sich ferner dicke Luft und Nebeldunst aus, die das Wahrnehmungsvermögen des Wals beeinträchtigten.[262] Posselt beschreibt die Vorgehensweise der Kommandeure bei der Suche nach geeigneten Stellen wie folgt:

„Man kan sie [die geeignete Stelle] *indes in der Ferne gewahr werden: wo nämlich der weisse Schimmer, den das Eisfeld im Horizonte*

262 Martens 1675: 115 und Brinner 1913: 35.

verursacht, von einem dunkeln Flecken unterbrochen wird, da ver-
muthen kundige Kommandeurs eine Oefnung; darauf segeln sie los;
dort machen sie ihr Schif im Eise fest. Jezt untersuchen sie die Beschaf-
fenheit des Feldes; finden sie darin keine weitere Oefnungen, wo die
Wallfische auftauchen, und sich ihrer Aufmerksamkeit entziehen können; zeigt sich überdem das Wasser grünlich und trübe – welches man
dem Dasein des Gewürms, das dem Wallfische zur Nahrung dient, zu-
schreibet – so urtheilen sie, daß sie an einer glüklichen Stelle liegen."[263]

S. V.d Meulen Delin: A. Vander Laan Fecit.

De Walvis keerd en woeld de wyl men is aan't
Lensen.

Der Wallfisch wendet sich, und wühlet in dessen man ihn
mit einem Spies sücht, oder die seiten durch bohret.

The whale is troubled and turns her self whilst people are sticking her.

---

263 Posselt 1796: 16.

Doch auch auf dem Weg zu den Jagdrevieren im offenen Wasser wurde ständig nach auftauchenden Walen Ausguck gehalten und die Schaluppen gegebenenfalls danach ausgesetzt. Am 25. März 1782 vermerkt Dircks, als sich das Schiff durch das Eis arbeitet: *„Sahen einen Wall fisch: Ließen unsere Schaluppen alle im Wasser streichen und Brandwacht halten"* – in diesem Fall allerdings vergebens.[264] War indessen eine erfolgversprechende Stelle erreicht, so machte man das Schiff am Eisrand fest und setzte wechselweise zwei Schaluppen mit vollausgerüsteter Mannschaft aus, die im vierstündigen Rhythmus *Brandwache* hielten, d.h. die sich möglichst leise auf die Lauer legten, um beim Auftauchen eines Wals umgehend seine Verfolgung aufnehmen zu können.[265] Nun lag der Jagderfolg allein in den Händen des Harpuniers. Er dirigierte die Schaluppe tunlichst lautlos an den Wal heran, wobei es im Weiteren auf sein richtiges Einschätzungsvermögen ankam, wann und wo das Tier wieder auftauchen würde. Währenddessen kam es den Verfolgern zugute, dass ein Wal aufgrund der Masse seines Kopfes nur ein seitlich begrenztes Sichtfeld besitzt. Das erleichterte ein „Anpirschen" von hinten.[266] Hatte man sich dem aufgetauchten Wal schließlich bis auf wenige Meter genähert, schleuderte der Harpunier die bereitgehaltene Harpune „in den Fisch". Dabei versuchte man die feste Schwarte hinter dem Blasloch zu treffen.[267]

Eine irrtümliche Annahme ist, dass der Wal durch den Harpunenwurf getötet wurde. Dieser diente zunächst lediglich dazu, eine feste Verbindung zwischen dem flüchtenden Tier und der Schaluppe herzustellen. Jetzt setzte eine unter Umständen stundenlange Schleppjagd ein, in der es darum ging, das harpunierte Tier, das die Schaluppe beständig hinter sich her zog, zu ermatten. Die auslaufende Fangleine wurde währenddessen einen halben Schlag um den Vordersteven gelegt und beständig

76. Der Harpunier setzt mit der Lanze zum tödlichen Stich an; zeitgenössische niederländische Radierung von ca. 1720-30 aus der insgesamt 16 Blatt umfassenden Serie *Kleine Vissery* des Kupferstechers Adolf van der Laan (ca. 1690 – n. 1755) nach Zeichnungen des Aquarellmalers Sieuwert van der Meulen († 1732). Die deutsche Bildunterschrift lautet: „Der Wallfisch wendet sich, und wühlet in dessen man ihn mit einem Spies sticht, oder die seiten durch bohret".

---

264 Dircks 1781: 53.
265 Posselt 1796: 17 und Brinner 1913: 34.
266 Posselt 1796: 18.
267 Martens 1675: 112, Lindeman 1869: 21f., Brinner 1913: 35ff. und Oesau 1937: 24.

vom Harpunier im Auge behalten, da diese beim Abtauchen des Wals leicht heißlaufen konnte und deshalb hinreichend mit Wasser gekühlt werden musste.[268] Kam der Wal zum Atmen an die Oberfläche, wurden aus den herbeieilenden anderen Schaluppen weitere Harpunen in das Tier geworfen und ihm ein zusätzlicher Lanzenstich zugefügt, damit es möglichst viel Blut verlor. Insofern zwang man den Wal, gleich wieder abzutauchen, wodurch ein regelmäßiges, gründliches Luftholen verhindert wurde. Die Intervalle des Auftauchens wurden auf diese Weise zunehmend kürzer.[269] Gelegentlich starben die Tiere, die einen derartigen Stress nicht gewohnt waren, an Herzstillstand, oder aber sie tauchten mit einer solchen Geschwindigkeit auf den Grund ab, *„daß sie das Genick brachen."*[270]

Die Gefahren für die beteiligten Seeleute waren während das Fangvorganges vielfältig und ein „fest geschossener Fisch" noch längst nicht gewonnen. Häufig schlitzte die Harpune aus oder die Harpunenleine riss. Zudem kam es vor, dass die Harpune zu hart geschmiedet war und brach (vgl. hierzu Kap. 2.4.). Auch Dircks verliert auf die genannte Weise mehrere Wale, wie z.B. am 15. April 1782: *„Ließen unsere zwey Schalupen zu wasser streichen, wor auf die eine Schalupe ein Schoß hette und auch fast wahr, aber der Harpohn wieder aus zug"*[271] sowie am 8. Mai 1782: *„Dazu die Leinn unklahr um die Stefen; doch der Harpunier sie rettete, und her nach Entzwey brach, wo wir den fisch, ein Harpohn und ein groß halbe Leinn verlohr."*[272] Andere Risiken stellten sich ein, wenn der angeschossene Wal mit der Harpune zu schnell auf Tiefe ging, wobei er bis zu zehn aneindergesplisste Leinen „auslaufen" konnte,[273] oder mit der Schaluppe im Schlepp unter ein Eisfeld flüchtete und zu befürchten war, mit unter das Eis gezogen

---

268 Posselt 1796: 22.
269 Posselt 1796: 22.
270 Posselt 1796: 21.
271 Dircks 1781: 57.
272 Dircks 1781: 62.
273 Lindeman 1869: 22.

zu werden. In solchen Fällen musste die Leine gekappt werden. Dazu lag ein spezielles Messer stets in Griffweite. Es kam auch vor, dass der Wal sich zur Wehr setzte und die Schaluppe mit seinem gewaltigen Rücken zum Kentern brachte oder diese mit kräftigen Schlägen seiner Fluke zerschlug. Dircks erwähnt diesen Vorgang in seinem Journal, und zwar am 8. Mai 1782 in gleich zwei Fällen, woraus noch einmal deutlich wird, wie risikoreich die Jagd war:

> „*Om Acht Uhr schoß einer von uns Harpuniers fast an ein fisch mit nahmen Laurentzs Sünken, welcher fisch die Schallup Entzwey schlug. Dazu die Leinn unklahr Lief um die stefen; doch der Harponier sie rettete, und her nach Entzwey brach, wo wir mit den fisch, ein Harpohn und ein groß halbe Leinn verlohr. Hernach der selbige fisch wieder sahe und noch zwey gantz nahe an ihn wahr. Hielten noch an mit fünf Schallupen auf brantwacht. Om zwey Uhr des Nachmittags schoß uns Speck schneiders math fast an ein fisch, welcher auch die rontgert [Rundgat?] und zwey Plancken Entzwey schlug, auch mit schlagen an hielt biß er todt wahr, so daß ich gedachte, daß wir kein Schalup hell behalten wörde.*"[274]

Auf Dircks' Winterreise 1781/1782 kamen viele Wale in Sicht. Handelte es sich dabei um ganze Schulen, erfolgt im Journal leider keine Angabe über die ungefähre Anzahl der auftauchenden Tiere. Wurden hingegen nur einzelne Tiere wahrgenommen, beziffert Dircks ihre Zahl genau. Diese beläuft sich zwischen dem 24. März und 25. Mai 1782 auf insgesamt 36 gesichtete Wale, wovon an neun Walen „festgeschossen" wurde, aber nur sieben erlegt werden konnten, zwei davon mit Hilfe der Inuit. Das ergibt, bezogen auf die 36 genannten Wale, eine Erfolgsquote von 19 %, obwohl in der Berechnungsgrundlage sicherlich noch eine gewisse Dunkelziffer zu berücksichtigen wäre, etwa solcher Tiere, die unerreichbar auf großer Distanz vorbeizogen und deshalb von Dircks gar nicht erst erwähnt wurden. Dennoch ist die

---

274 Dircks 1781: 62.

beschriebene Reise mit sieben erlegten Walen als sehr erfolgreich anzusehen. Zusätzlich wurden noch acht Wale in den Kolonien von den Inuit erbeutet und von Dircks' Mannschaft verarbeitet. Die dargestellte Reise wird sich also für alle Beteiligten gelohnt haben.

77. Pêche de la Baleine; Walfangszene aus der Südsee. Französischer kolorierter Stahlstich nach einer Radierung von 1835.

War man „an einem Fisch fest", so wurde in der erfolgreichen Schaluppe eine kleine Flagge gesetzt. Daraufhin setzte ebenfalls das Mutterschiff die größte Flagge, die sich an Bord befand, als Zeichen für die Inbesitznahme des harpunierten Wals. Posselt führt dazu näher aus:

> „Hat der Harpunierer seinen Wallfisch getroffen, so richtet er folglich eine kleine Flagge auf, die er zu dem Ende mit sich führt. Auf dieses Zeichen macht die auf dem Schiffe befindliche Wache Lärm; jedermann komt auf die Beine; die übrigen Schaluppen werden bemannt und zum Verfolgen ausgesandt. Vor allen Dingen aber wird die grösste Flagge aufgezogen, zum Zeichen für die in der Nähe liegenden Schiffe, daß man an einem Wallfische fest sei, den man von jezt an für sein Eigenthum ansehe, an dem nun Niemand anders sich vergreifen müsse. Das ist Grönländisches Recht, und ein sehr natürliches!"[275]

---

275 Posselt 1796: 20f.; vgl. ferner Anhang, Das Grönländische Recht von 1695, §§ IX-X.

Sobald der Wal ermattet an der Oberfläche erschien und der Harpunier befand, dass der Zeitpunkt gekommen sei, ihn zu töten, ruderte man vorsichtig und leise an das verwundete Tier heran, um den finalen Stich mit einer langen, scharfen Lanze zu setzen. Dabei versuchte der Harpunier möglichst das Herz oder die Lunge zu treffen. Das war der wohl gefährlichste Moment des gesamten Fangunternehmens, da der Wal in seinem Todeskampf mit einem einzigen Schlag seiner Fluke die Schaluppe leicht zertrümmern konnte, dem die Schaluppenmannschaft mit schnellen Ausweichmanövern unter den Kommandos *„strijk!"* (weg! zurück!) und *„roei an!"* (rudere näher heran!) begegnete.[276] Jens J. Eschels beschreibt den Vorgang des Tötens folgendermaßen:

„Wenn der Wallfisch einige Lensenstiche erhalten (eine Lense ist circa 6 bis 7 Fuß lang, von Eisen, und ein 5 Fuß langer hölzerner Stiel daran fest, die in seine Eingeweide eingestoßen wird), dann bläst er armdick Blut aus seinen beiden Nasenlöchern. Er röchelt dann sehr laut und stirbt bald, und wenn er todt ist, rollt er um auf seinen Rücken, so daß der Bauch über dem Wasser zu liegen kommt. Wenn ein Harpunier resolvirt und nicht bange ist, dann ist ein Wallfisch leicht todt zu stechen, und ich habe es einmal selbst gesehen, daß ein Harpunier eine Lense circa ein Fuß hinter den Nasenlöchern, wo der Fisch weich ist, einstach, daß der Fisch von diesem einen Lensenstich sogleich starb und auf dem Rücken umrollte. [...] Eine Lense, die an dieser Stelle eingestoßen wird, trifft die edleren Theile des Thieres, als das Herz, Lunge und Leber; auch wenn ein Fisch beim Lensen sich, wie er gewöhnlich thut, rollt, so kann ihm leicht eine Lense unter seine Flußfedern oder Finnen eingestoßen werden, und diese trifft denn auch die Gedärme des Fisches und die edleren Theile; auch nach einem solchen Stich fängt er bald darauf an, Blut zu blasen, so daß er dann bald stirbt. Das Lensen an dem hintern Theile des Fisches taugt zu nichts Gutem, denn derselbe wird dadurch nicht matt, sondern wird böse, schlägt wüthend mit dem Schwanze um sich, so daß keine Schalupe sich ihm ohne

---

276 Martens 1675: 118 und Lindeman 1869: 22.

Gefahr nähern darf. Beim Lensen oder Todtstechen eines Wallfisches hat der Steurer der Schalupe darauf zu setzen, daß er die Schalupe queer über den Fisch hält, denn der Fisch hebt immer die Schalupe mit dem Rücken in die Höhe, und gleitet sie denn (da der hintere Theil derselben im Wasser ist) vom Fische ab, und fällt nicht um, hingegen wenn die Leute und Steurer in der Schalupe nicht aufpassen, dieselbe queer zu halten, so daß sie, wenn der Fisch sich hebt, der Länge nach auf demselben zu liegen kommt, kehrt sie das Unterste nach oben, und dann sind die Leute verloren; schon Mancher hat auf diese Weise sein Leben in Grönland verloren."[277]

Wie blutig es dabei zuging, schildert eindrucksvoll Posselt:

„Sein brennend heisses Blut überströmt die Menschen, und füllet die Schaluppen, wenn sie nicht ausweichen. Er raft seine lezten Kräfte zusammen, um sein Blut in hohen Strahlen auszublasen, und sich durch furchtbare Schläge zu rächen. Wehe denen, die nicht Zeit und Geschiklichkeit haben, auszuweichen. Ein einziger Schlag mit dem Schwanze zerschmettert die stärkste Schaluppe, und zerquetscht die Kühnen, die sich ihm nahen."[278]

War die Jagd zugunsten der Jäger beendet und das Tier getötet, so wurden als Erstes die Schwanzflossen abgeschnitten, mit Löchern versehen und nach hinten gebunden, damit sie *„kein Wasser schöpfen"*. An dem Schwanzstumpf wurde sodann eine Schleppleine befestigt, um den Kadaver unter Mithilfe aller Schaluppen zum Mutterschiff zu pullen.[279] Jetzt begann das Verarbeiten bzw. das Abspecken des Fanges, welches im Sprachgebrauch der Seefahrer *Flensen* genannt wurde. Dazu wurde der Walkadaver längsseits am Mutterschiff festgemacht und über bestimmte Vorrichtungen in der Takellage so verbunden, dass er beim Flensen gedreht werden konnte. Posselt erläutert das weitere Vorgehen:

277 Eschels 2006: 71f.
278 Posselt 1796: 22; vgl. ferner Martens 1675: 117.
279 Zorgdrager 1723: 422 und Lindeman 1869: 22.

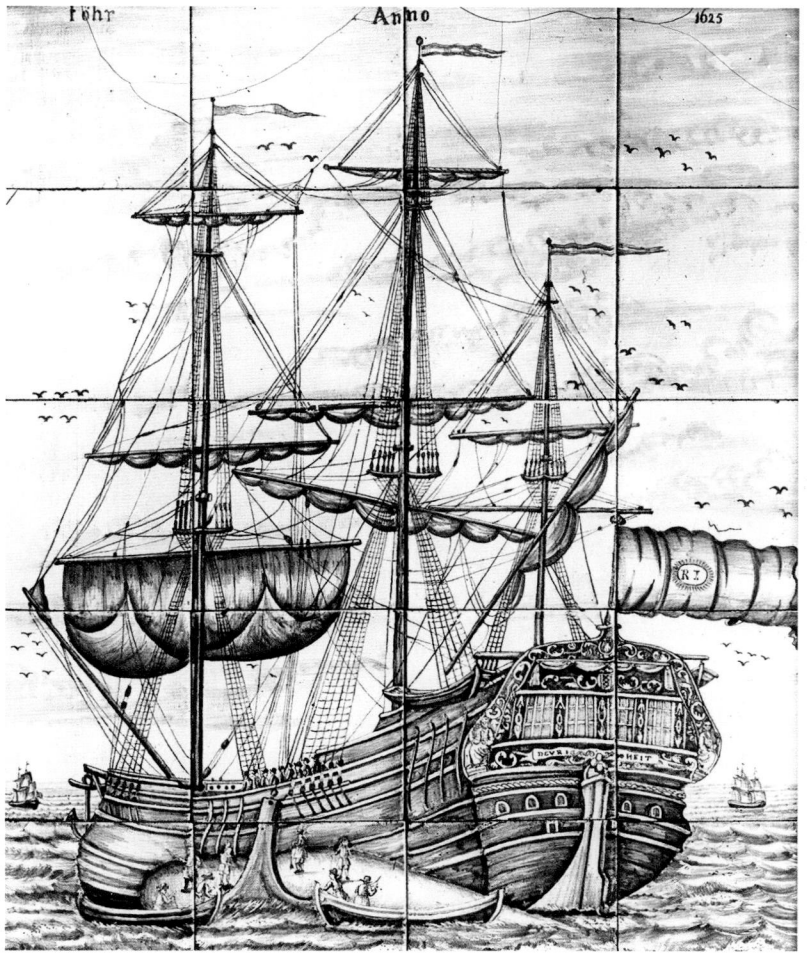

föhr   Anno   1625

78. Fliesentableau, darstellend das Altonaer Bootschiff *De Vriheit* [II], Kommandeur Oluf Jensen [holland.: Roelof Jansz.] (1707-1776) aus Alkersum auf Föhr, wie unschwer auch an den Initialen RI [= Roelof Iansz.] auf der Heckflagge zu erkennen ist. Die geschilderte Szene zeigt die Mannschaft beim Flensen eines Wals. Gut zu erkennen sind dabei die beiden Boote mit den *Malmuckern*, die den Speckschneidern zuarbeiten.

„*Der Speckschneider tritt auf den Fisch hinaus mit seinen Gehülfen; mit grossen Messern lösen sie ihm das zuweilen anderthalb Fus dikke Spek in grossen Stükken vom Fleische ab; diese werden ins Schif hinauf gewunden, wo jedermann sein angewiesenes Geschäft hat. Einige zerschneiden die grossen Klumpen; Andere müssen einpakken u.s.w. Aus dem Munde werden zuförderst die Barden ausgeschnitten, - darauf die ungeheure Zunge, die bei grossen Fischen sechs Quardeelen mit Spek füllen kan.*"[280]

---

280 Posselt 1796: 23f.

Demnach begaben sich der Speckschneider und der Speckschneidermaat unter Mitwirkung der Harpuniere hinunter auf den Wal – mit untergeschnallten *Specksporen*, damit sie bei ihrer schmierigen Arbeit auf der glatten und schlüpfrigen Haut des Wals einen rutschsicheren Halt fanden und nicht ins Wasser fielen, um nun mit langen *Speckmessern* die bis zu 50 cm dicke Speckschicht in langen Streifen vom Kern abzuziehen, die man mit Hilfe des Spills an Bord wand. Beim Flensen gingen den Speckschneidern zwei junge Matrosen, *Malmucker* genannt, zur Hand. Von einer Schaluppe aus reichten sie ihnen die für das Flensen benötigten Gerätschaften zu. Sie hatten darüber hinaus die Aufgabe, die gierigen *Malmucken* oder Eissturmvögel (fulmarus glacialis) zu verjagen bzw.

79. Specksporen, 19. Jahrhundert.

totzuschlagen, wenn sie sich beim Flensen in großer Anzahl an den Walkadaver heranmachten und dabei die Speckschneider in ihrer Arbeit behinderten. Das Fleisch der solcherart erbeuteten Malmucken wurde auf den Schiffen in einer Art Eintopf mit der niederländischen Bezeichnung *Poespas* gegessen.[281]

Bei jungen Walen war der Speck meist von weißlicher, bei älteren Walen von mehr rötlicher Farbe wie der eines Lachses und in frischem Zustand von durchaus angenehmem, leicht nussigem Geruch.[282] Schließlich wurden die ca. 240-250 Maßbarten und ca. 200 Untermaßbarten aus den Kieferknochen gelöst und ebenfalls an Bord verbracht. Für den restlichen Kadaver mit seinen riesigen, proteinreichen Fleischmassen gab es keine Verwendung;

281 Vgl. Paulsen 1973: 100 und 127, Anm. 12; vgl. ferner Feddersen 1991: 35.
282 Lindeman 1869: 68.

154

man überließ ihn kurzerhand der See, allerdings mit Ausnahme der übermannshohen Zunge, die besonders tranreich war und einen feinen, weißen Tran ergab.[283]

An Bord wurden unter der Aufsicht des Speckschneiders die Barten mit speziellen *Bartenmessern* oder *-beilen* voneinander getrennt und von anhaftenden Fleischresten befreit sowie die Speckstreifen durch das *Flensgatt* unter Deck geworfen, wo zwei Matrosen, der sogenannte *Speckkönig* und sein Gehilfe, die *Speckkönigin*, den herabgelassenen Speck beiseite zu räumen hatten und dabei für gewöhnlich bis zum Bauch im Speck standen. Andere Bezeichnungen für den Speckkönig bzw. die Speckkönigin, deren sozialer Status unter den übrigen Matrosen ganz unten angesiedelt war, lauteten *Schweinetreiber* oder *Stinker* wegen des strengen Geruchs, der von ihnen ausging; sie wurden deshalb von den meisten an Bord wie ein „Stinktier" gemieden.[284] Die weitere Verarbeitung des Specks, d.h. das Zerkleinern und Abfüllen in Fässer, lag in Händen der *Strandschneider, Bankschneider* und *Kapper*. Ihre äußerst schmutzige und harte Arbeit hat Lindeman unter Bezug auf Zorgdrager folgendermaßen beschrieben:

> „*Spätestens nach 48 Stunden also, wenn es die Witterung nur irgend erlaubt, macht man sich zum Abmachen bereit. Die Speckbank wird mit den Slippen der erhaltenen Walfischschwänze belegt. Die „Kappers" hauen die zähesten Stücke Speck, die Speckschneider schneiden die weicheren. Beide Sorten werden in den Raum befördert, nachdem sie zuvor von Haut und Fleisch auf dem „Klaas", einem grossen Block, gereinigt sind. Man kappt und schneidet den Speck in sogenannte Vinken (Würfel) von ½ Fuss Länge und zwei Daumen Breite, welche in die Speckrinne geworfen und darin bis in den Raum fortgeschoben werden. Hier werden sie von den Leuten im Raume in Baaljes (Zubern) gefangen und in die Speckfässer oder Kwarteelen gestaut. Diese Arbeit geschieht unter einem beständigen Rufen aus dem Raum und*

---

283 Lindeman 1869: 22 und Brinner 1913: 26.f
284 Vgl. Paulsen 1973: 100 und 127, Anm. 13, ferner Feddersen 1991: 34.

vom Deck: „Zet Speck op! Speck op Klaas! Speck op Staart! Speck op
Bank! Stryk Speck! op!", während das Volk vom Kopf bis zum Fuss
von Thran und Walfischblut tropft."[285]

Gelegentlich wurden auch die Unterkieferknochen mit nach
Hause genommen, die als Torbögen an den Einfahrten zu den
Gehöften aufgestellt wurden. Posselt berichtet von einem solchen
Bogen auf Föhr als einem „Monstrum", unter dem ein Fuder Heu
hindurchfahren konnte, ohne dass ein Mann, der auf dem Fuder
stand, die Spitze des Bogens hätte mit seinen Händen erreichen
können.[286] Ein beliebtes und oft verwendetes Zaunmaterial gaben
zudem die Rippen des Wals ab, andere benutzten die Rippen und
sonstige Knochen des Wals als Dachsparren oder als Bekleidung
für Außenwände. Das „Verzeichnis der seit 1744 an der Wyck
gebauten Häusern" vermerkt beispielsweise 1762 „*ein Haus lang*
15 Ellen, wovon die Ständer und Sparren von Wallfisch-Knochen
auch jetzo von Hans Knutzen um die Häuer bewohnt wird".[287]
Sogar Kirchenbänke wurden aus Walknochen gefertigt.[288]

Das Flensen war mit einem großen Arbeitsaufwand verbunden und forderte jede vorhandene Arbeitskraft an Bord. Bestand
nach dem Erlegen eines Wals noch die Aussicht auf weitere Beute,
wurde der Fang nicht sofort verarbeitet, sondern die Jagd unver-
mindert fortgesetzt. Am Ende mussten auf diese Weise nicht selten mehrere Wale auf einmal verarbeitet werden. Da die im Wasser
treibende Beute nicht unbegrenzt haltbar war, sah sich die Mannschaft gezwungen, Tag und Nacht bis zur völligen Erschöpfung
durchzuarbeiten, so auch bei Dircks an Bord der *Godthaab*: Der
erste Wal der Reise wurde am 20. April 1782 um 2 Uhr nach-
mittags erbeutet, wobei man erst am nächsten Morgen mit dem

---

285 Lindeman 1869: 22 und Zorgdrager 1723: 431ff.; vgl. auch Martens 1675: 120ff. und
    Brinner 1913: 45ff.
286 Posselt 1796: 24.
287 Häberlin 1906a: 56 (Anhang).
288 Oesau 1937: 308ff., Münzing: 1978: 22ff.

Flensen fertig war.[289] Das Flensen musste möglichst schnell – bei wärmeren Temperaturen innerhalb von 48 Stunden – vonstatten gehen, anderenfalls konnte es geschehen, dass der Walkadaver

80. Ein mit den Knochen eines Wals eingefriedigter Dungplatz des Hauses Nr. 113 (heute Dörpstrat 8) in Oevenum, das einst dem Kommandeur Rörd Jacobs (1719-1808) gehörte (Rasmussen 1996: 28); dieser befehligte von Hamburg und Amsterdam aus verschiedene Walfangschiffe. Heute befindet sich die Anlage im Garten des Dr.-Carl-Häberlin-Friesen-Museums in Wyk auf Föhr.

aufgrund der sich im Inneren bildenden Fäulnisgase mit einem lauten, kanonenschussähnlichen Knall regelrecht explodierte, wodurch seine weitere Verarbeitung für alle Beteiligten wegen des bestialischen Gestanks, der nun von dem Tier ausging, zu einer besonderen Tortur wurde, wie insgemein über dem Flensen und Abmachen ein steter übler Geruch lag.[290] Der unvorhergesehenen großen Menge an Speck konnte Dircks nur Herr werden, indem er sich mit Fängern aus der lokalen Inuit-Bevölkerung darauf verständigte, mit ihm eine zeitlich begrenzte Kooperation in der Weiterverarbeitung der Beute einzugehen. Um der drohenden Verwesung des Specks in der durchaus warmen arktischen Junisonne vorzubeugen, ließ Dircks den Speck auf Leinen ziehen und im Seewasser kühlen. Dazu notiert er in sein Journal:

---

289 Dircks 1781: 58.
290 Martens 1675: 12 und 114, ferner Brinner 1913: 47.

„Ließ daß Speck mit Tauen dorch ziehen um ferner in wasser so Liegen zu lassen, biß wir es in fesser so thun könnten, wo dorch wir suchten den groste verlust vor zu beugen [...] Da wir nun sehen das daß Speck welche im wasser Lieget nicht die halbe Schaden erlitet gegen daß, welches im Schiffe und aufs Landt an der Sonne Lieget.“[291]

Schließlich ist die Mannschaft vom 25. Mai bis zum 15. Juni 1782 unentwegt damit beschäftigt, die Beute zu flensen, zu portionieren, in Fässer zu füllen und den überschüssigen Speck ins Speckhaus der Kolonie zu schaffen, wo er eingelagert wird. Unter welchem Zeitdruck die Mannschaft bei ihrer Arbeit fortwährend stand, zeigt der Eintrag vom 31. Mai 1782: *„Deß Tages 16 stunden unser arbeit mit Möglichster fleiß von der Mannschaft mit Speck in die fesser so füllen getrieben wird.“*[292]

81a-b. Der Grönlandwal (balaena mysticetus); Temperamalereien von Fritz Diehl, 1933.

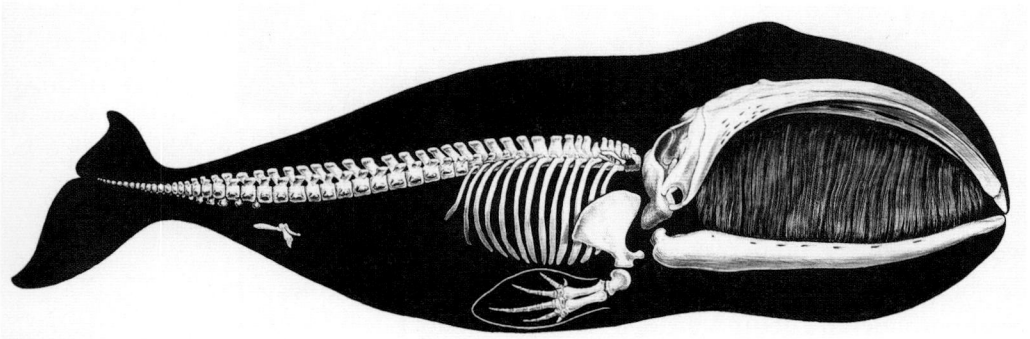

Abschließend lässt sich sagen, dass bis auf wenige Ausnahmen ausschließlich der Grönlandwal (balaena mysticetus) und sein kleinerer Verwandter, der Nordkaper (eubalaena glacialis), gejagt wurden. Das hatte mehrere Gründe. Zum einen waren beide Arten langsame Schwimmer, so dass es den Schaluppen leicht möglich war, ihnen zu folgen, zum anderen hatten diese Tiere eine

291 Dircks 1781: 67.
292 Dircks 1781: 67.

158

äußerst dicke, ertragreiche Speckschicht.[293] Das erhöhte auch die Schwimmfähigkeit des Kadavers, was nicht zuletzt den Transport zu Wasser und die Verarbeitung ohne maschinelle Unterstützung erleichterte. Ein weiterer Grund waren die riesigen Barten, die das äußere Erscheinungsbild dieser Walarten prägten. Diese waren zeitweise genauso begehrt wie der Tran und erzielten hohe Marktpreise.[294]

Es soll an dieser Stelle nicht unerwähnt bleiben, dass der europäische Walfang die genannten Arten in weniger als 300 Jahren an den Rand der Ausrottung gebracht hat. Die riesigen Walvorkommen, von denen die Entdecker der arktischen Gebiete einst berichteten, hatte eine rücksichtslose, am Profit orientierte Jagd dermaßen dezimiert, dass sich der Walfang in den genannten Ge- 81b.

bieten schon gegen Ende des 19. Jahrhunderts kaum noch lohnte. Die einst unermesslichen Bestände haben sich bis in die heutige Zeit hinein von der intensiven Bejagung im 17., 18. und 19. Jahrhundert nicht erholt, und die verbliebenen Restpopulationen bedürfen des internationalen Schutzes mehr denn je.[295]

---

293 Feddersen 1995: 36.
294 Münzing 1978: 22.
295 Ellis 1993: 341ff. und 381.ff., Quedens 2002: 79f.

7. Schlussbetrachtung

Wohl keine Epoche der jüngeren Geschichte hat die Kultur der nordfriesischen Inseln und Halligen nachhaltiger geprägt als das Zeitalter des arktischen Walfangs und dabei das regionaltypische Selbstverständnis ihrer friesischen Bewohner bis auf den heutigen Tag in ihrem Denken und Handeln tiefer beeinflusst. Die Entwicklung einer eigenen, sehr speziellen und unikaten Seefahrtskultur, die nach außen weltoffen, aber nach innen geschlossen war, kann schließlich als eines der ganz entscheidenden Momente dafür genannt werden, dass es den Inselfriesen an der Peripherie der Nordsee über eine lange Zeit sehr erfolgreich gelang, sich auch als kleine ethnische Minderheit von weniger als 10.000 Individuen gegen alle externen Einflüsse zu behaupten – auf Föhr bis in die Gegenwart hinein.

Wenn freilich schon frühe zeitgenössische Quellen des späten 18. Jahrhunderts die Ära des Walfangs als ein „goldenes Zeitalter Föhrs" bezeichnen, so trifft diese Aussage in ihrer idealisierenden Verklärung die soziale Wirklichkeit der damaligen insularen Gesellschaft nur eingeschränkt. Zweifellos brachte der Walfang den weitaus größten Teil der inselnordfriesischen männlichen Bevölkerung vom Anfang des 17. bis Ende des 18. Jahrhunderts in Brot und Arbeit, doch lernten die „goldene" Seite dieser Epoche allenfalls begüterte Kommandeure und andere höhere Schiffsoffiziere kennen. Für die Mehrzahl der einfachen Seeleute war der Walfang ein hartes, entbehrungsreiches und obendrein gefährliches Unternehmen, das ihnen zwar ein geregeltes, aber zumindest in ökonomischer Hinsicht nur karges Auskommen bot. Nicht wenige verloren an Bord der Fangschiffe bzw. während des eigentlichen Fangvorganges auf den Schaluppen durch Krankheit oder Unfall ihr Leben, mit der Folge, dass ihre Familien unvermittelt ins finanzielle Abseits gerieten. Diese soziale Diskrepanz zwischen einem erfolgreichen Kommandeur und einem schlichten Matrosen veranschaulichen praxisnah die auf der Seite 106 abgebildeten Grabsteine.

Wie die Mannschaftslisten sowohl des Amsterdamer wie des Hamburger Wasserschouts des 18. Jahrhunderts zu erkennen geben, wurden bei der Bemannung eines Walfängerschiffes die lukrativen Offiziersränge überdurchschnittlich oft mit einem inselnordfriesischen Kommandeur, Steuermann und/oder Harpunier besetzt. So ist etwa im gesamten Verlauf des niederländischen Walfangs die Anzahl Föhrer Kommandeure und anderer Schiffsoffiziere niemals durch die eines anderen Herkunftsgebietes außerhalb der Niederlande übertroffen worden, und als ab 1776 auch der KGH eine Walfangflotte von Kopenhagen aus nach Grönland beorderte, lag die Führung der Schiffe nahezu ausschließlich in Händen Föhrer Schiffsoffiziere. Ähnliches wird von der englischen Südseekompanie berichtet, die ab 1725 ihre Schiffe ausschließlich mit Föhrer Offizieren bemannte.

Die Gründe für den guten Ruf der inselnordfriesischen – insbesondere Föhrer – Walfangoffiziere liegen zweifelsohne in den hohen Bildungsstandards ihrer privat organisierten Navigationsschulen, die in vielen Dörfern Föhrs seit dem 17. Jahrhundert betrieben wurden. Das erforderliche Schulgeld für den Besuch ihres Unterrichts überstieg selten die Selbstkosten und ermöglichte daher auch den einkommensschwachen oder gar unbemittelten Seeleuten den Zugang zu einer solchen Schule als Grundvoraussetzung für den sozialen Aufstieg in den Rang eines Schiffsoffiziers. Auf diese Weise haben die Föhrer Navigationsschulen nicht unwesentlich dazu beigetragen, auf breiter Basis eine Bildungselite hochqualifizierter Nautiker zu etablieren, die in ihrem Wesen auffällig egalitär war und nur bedingt identisch mit der finanziellen Elite. Jene Form von Egalität ist über alle sozialen Unterschiede hinweg auch heute noch ein charakteristisches Merkmal der angestammten insularen Gesellschaftsordnung. Der Niedergang der einst blühenden inselnordfriesischen Seefahrtstradition nach 1870 geht ursächlich einher mit dem Verbot der privaten Navigationsschulen im Jahre 1870 durch einen Erlass der preußischen Regierung, was wiederum die Auswanderung großer Bevölkerungsteile in die USA maßgeblich beförderte.

Zumindest in der einschlägigen deutschen Literatur ist bislang wenig oder gar nicht auf die herausgehobene Bedeutung des KGH für die Föhrer Seefahrt hingewiesen worden, und zwar auch nach 1800, nachdem der konventionelle, personal- und kostenintensive Walfang aus Rentabilitätsgründen weitgehend zum Erliegen gekommen war oder nur noch nebenbei – häufig in Verbindung mit dem Robbenschlag – betrieben wurde und sich die Grönlandfahrt zunehmend auf die Versorgung der dänischen Kolonien auf Westgrönland konzentrierte. Von den 94 nachgewiesenen inselnordfriesischen Schiffsführern, die zwischen 1775 und 1905 in Diensten des KGH standen, stammten 80 von Föhr. Die über viele Generationen hinweg entstandene starke Verbundenheit zahlreicher Föhrer Seefahrerfamilien mit dem KGH hat ihren Teil dazu beigetragen, dass in nationaler Hinsicht die prodänische Grundstimmung in der ansässigen friesischen Bevölkerung – insbesondere auf Westerlandföhr – auch nach 1864 noch über eine lange Zeit bestehen blieb.

Es ist in der Vergangenheit die These vertreten worden, die Vormachtstellung des Kapitäns sei vor allem auf dem Prinzip der Ancienniät und der darauf beruhenden großen nautischen Berufserfahrung begründet. Diese Ansicht kann mit Blick auf die Föhrer Kommandeure und Kapitäne nicht oder doch nur sehr eingeschränkt geteilt werden. 1795 betrug das Durchschnittsalter der Föhrer Schiffsführer und Steuerleute gerade einmal 33 Jahre, wobei diese durchschnittlich mit 28 Jahren befördert worden waren, und Kapitäne, die das 25. Lebensjahr noch nicht überschritten hatten, gehörten keineswegs zu den Ausnahmen. Hier wird noch einmal der hohe Bildungsstand der privaten Föhrer Navigationsschulen deutlich, in die ein junger Föhrer Seefahrer bereits im Vorkonfirmandenalter zu gehen pflegte, so dass er seine navigatorische Ausbildung vielfach schon im Alter von weniger als 20 Jahren abgeschlossen hatte. Die navigatorischen – speziell mathematischen – Maßstäbe, die dabei angelegt wurden, orientierten sich an den neuesten internationalen Standards. Insbesondere die Gesetze der Infinitesimalrechnung des englischen Mathematikers und Physikers Isaac Newton (1643-1727) spielten bei der geographischen Längenbestimmung eine zentrale Rolle. Welche Verehrung I. Newton unter den inselfriesischen Seefahrern genoss, kann man daran erkennen, dass mancher Schiffsoffizier seinen Sohn auf den Vornamen *Newton* [gesprochen: *Nöiton*] taufen ließ – einen vor allem auf Föhr und den Halligen immer noch gebräuchlichen männlichen Rufnamen.

8. Abbildungsverzeichnis

Abb. 1: Die Segelrouten des Königlichen Grönlandshandels. (Aus: Riewerts/ Roeloffs 1996: 161, mit freundlicher Genehmigung des Wachholtz Verlages, Neumünster)

Abb. 2: Eine niederländische Schmack, 1789. (Aus: G. Groenewegen, *Verzameling van vier en tachtig Stuks Hollandsche Schepen*, 1789: A7, Foto: Archiv der Ferring Stiftung in Alkersum/Föhr)

Abb. 3: Der Hafen von Amsterdam um 1800; Stich aus C. van der Aa, *Atlas van de Zeehavens der Bataafsche Republiek*, 1805: S. 76. (Foto: Archiv der Ferring Stiftung in Alkersum/Föhr)

Abb. 4: Das Bootschiff *De Hoop op de Walvisvangst*; zeitgenössisches Aquarell. (Sammlungen des Dr.-Carl-Häberlin-Friesen-Museums in Wyk/ Föhr, Foto: ebenda)

Abb. 5: Unterrichtsraum der letzten Föhrer Seefahrtsschule; Gemälde von J. Stockfleth, 1933. (Sammlungen Dr.-Carl-Häberlin-Friesen-Museum in Wyk/Föhr, Foto: ebenda)

Abb. 6: Titelseite des nautischen Lehrbuches *'t Vergulden Licht der Zee-vaert ofte Konst der Stuur-Lieden* mit einem Porträt seines Autors C.H. Gietermaker in der 4. Auflage von 1684. (Foto: Universiteitsbibliotheek Gent, Belgien)

Abb. 7: Titelseite des nautischen Lehrbuches *Schat-Kamer ofte Konst der Stuur-Lieden* von K. de Vries (1662-1730) in der 2. Auflage von 1713. (Foto: Nederlands Scheepvaartmuseum, Amsterdam)

Abb. 8: Titelseite der von Nanning Adriaansz. überarbeiteten Fassung von K. de Vries' Lehrbuch *Schat-kamer ofte Konst der Stuurlieden*, 1743. (Archiv des Dr.-Carl-Häberlin-Friesen-Museums in Wyk/Föhr, Foto: Archiv der Ferring Stiftung in Alkersum/Föhr)

Abb. 9: Übungsaufgabe aus Nanning Adriaansz.' Lehrbuch, S. 41. (Foto: Archiv der Ferring Stiftung in Alkersum/Föhr)

Abb. 10: Der letzte Föhrer Navigationslehrer Ocke H. Volkerts. (Foto: Dr.-Carl-Häberlin-Friesen-Museum in Wyk/Föhr)

Abb. 11: Fliesentableau aus Harlingen, darstellend das Bootschiff *De Gouden Leeuw*, 1754. (Sammlungen des Städtischen Museums Flensburg, Foto: Archiv der Ferring Stiftung in Alkersum/Föhr)

Abb. 12: Heinrich N. Boysens *Wildentenconservenfabrik* in Wyk auf Föhr, vor 1900. (Foto: Archiv der Ferring Stiftung in Alkersum/Föhr)

Abb. 13: Banderole einer Konservendose aus H.N. Boysens *Wildenten-conservenfabrik.* (Foto: Dr.-Carl-Häberlin-Friesen-Museum in Wyk/ Föhr)

Abb. 14: Schachtel aus Fischbein des Kommandeurs Jacob Flor. (Sammlungen des Städtischen Museums Flensburg, Foto: ebenda)

Abb. 15: Ritzzeichnung auf der Barte eines Grönlandwals, 1842. (Foto: Archiv der Ferring Stiftung in Alkersum/Föhr)

Abb. 16: Lage der „alten tran brennerey" am Wyker Sandwall; Ausschnitt aus dem *Grund Riss von dem Dorffe oder Flecken Wick Auff osterlandt Föhre*, 1711. (Repro: Ferring Stiftung in Alkersum/Föhr)

Abb. 17: Erste Pläne zum Bau eines Wyker Hafens; Ausschnitt aus dem *Grund Riss von dem Dorffe oder Flecken Wick Auff osterlandt Föhre*, 1711. (Repro: Ferring Stiftung in Alkersum/Föhr)

Abb. 18: Tranbrennerei; Kupferstich von ca. 1750. (Sammlungen Dr.-Carl-Häberlin-Friesen-Museum in Wyk/Föhr, Foto: ebenda)

Abb. 19: Kapitän Johannes Martens aus Wyk/Föhr. (Foto: Jan-Matthias Martens, Hamburg)

Abb. 20: Der Werftbesitzer Nommen F. Nommensen aus Wyk auf Föhr; Miniatur-Porträt von Hans Peter Feddersen d.Ä., 1828, in Privatbesitz. (Foto: Archiv der Ferring Stiftung in Alkersum/Föhr)

Abb. 21: Hölzerner Oktant des Hendrick Nannings aus Boldixum auf Föhr. (Sammlungen Dr.-Carl-Häberlin-Friesen-Museum in Wyk/Föhr, Foto: ebenda)

Abb. 22: Detailansicht des Oktanten Nr. 251 von Jens Nickelsen. (Foto: Dr.-Carl-Häberlin-Friesen-Museum in Wyk/Föhr)

Abb. 23: Hans P. Egede; Lithographie von E.D. Bærentzen, 1868. (Foto: Kongelige Bibliotek in Kopenhagen)

Abb. 24: Jacob S. Sewerin; zeitgenössisches Gemälde. (Foto: Kongelige Bibliotek in Kopenhagen)

Abb. 25: Die dänischen Koloniegründungen auf Westgrönland zwischen 1721-1814. (Aus: Riewerts/Roeloffs 1996: 55, mit freundlicher Genehmigung des Wachholtz Verlages, Neumünster)

Abb. 26: Stempel mit dem Siegel des KGH. (Aus: Riewerts/Roeloffs 1996: 56, mit freundlicher Genehmigung des Wachholtz Verlages, Neumünster)

Abb. 27: Flagge und Wimpel des KGH, 1795. (Det nordgrønlandske Arkiv, Foto: Archiv der Ferring Stiftung in Alkersum/Föhr)

Abb. 28: Ansicht der Kolonie Godthåb, ca. 1863. (Foto: Arktisk Institut, Kopenhagen)

Abb. 29: Ein grönländischer Kajakmann, 1906. (Foto: Arktisk Institut, Kopenhagen)

Abb. 30: Den Kongelige Grønlandske Handels Plads in Kopenhagen, Pastell von N.I. Bredal, 1810. (Foto: Københavns Museum)

Abb. 31: Graf Heinrich C. von Schimmelmann; zeitgenössischer Kupferstich von J.T. Kleve. (Foto: Kongelige Bibliotek in Kopenhagen)

Abb. 32: Der Justizrat Peter Matthiessen im 84. Lebensjahr; Lithographie im Frontispiz von G.P. Petersen, *Erinnerungen aus dem Leben des Königlichen Justizraths Peter Matthiesen*, 1825. (Foto: Dr.-Carl-Häberlin-Friesen-Museum in Wyk auf Föhr)

Abb. 33: Kapitän Boy Rickmers aus Oldsum auf Föhr. (Foto: Archiv der Ferring Stiftung in Alkersum/Föhr)

Abb. 34: Die Bark *Ceres* im Treibeis der Davisstraße, 1915. (Foto: Handels- og Søfartsmuseet Kronborg, DK-Helsingør)

Abb. 35: Kapitän Volkert F. Faltings aus Oldsum auf Föhr. (Foto: Archiv der Ferring Stiftung in Alkersum/Föhr)

Abb. 36: Kapitän Ernst J. Faltings aus Oldsum auf Föhr. (Foto: Archiv der Ferring Stiftung in Alkersum/Föhr)

Abb. 37: Kapitän Johann E. Ketels aus Süderende auf Föhr. (Foto: Archiv der Ferring Stiftung in Alkersum/Föhr)

Abb. 38: Kapitän Julius A. Ketels aus Süderende auf Föhr. (Foto: Archiv der Ferring Stiftung in Alkersum/Föhr)

Abb. 39: Grabkreuz des Kapitäns Jacob Ocken aus Oldsum auf Föhr auf dem Friedhof der grönländischen Kolonie Ritenbenk. (Foto: Rörd Braren, Glückstadt)

Abb. 40: Faltings Skær; Ausschnitt aus der topographischen Übersichtskarte für Maniitsoq/Sukkertoppen 1:250.000, 1992. (Repro: Ferring Stiftung in Alkersum/Föhr)

Abb. 41: Faltings Havn; Ausschnitt aus der Karte *Grönlands Vestkyst. Indlöbene til Godthaabs-Fjord* 1:80.000, 1913. (Sammlungen Grønlands Nationalarkiv in Nuuk, Repro: Foto Quedens, Amrum)

Abb. 42: Modell einer Grönländischen Schaluppe. (Sammlungen Dr.-Carl-Häberlin-Friesen-Museum in Wyk/Föhr, Foto: ebenda)

Abb 43: Dangers of the Whale Fishery; Stich aus dem Vorsatz von W. Scoresby, *An Account of the Arctic Regions, with a History and Description of the Northern Whale Fishery*, 1820, Bd. 2. (Foto: Archiv der Ferring Stiftung in Alkersum/Föhr)

Abb. 44: Der Kommandeur Christian Erken mit seiner Familie aus Nebel auf Amrum. (Foto: Georg Quedens, Norddorf/Amrum)

Abb. 45: Darstellung von Walen in einem Holzschnitt des 16. Jh. (Foto: Archiv der Ferring Stiftung in Alkersum/Föhr)

Abb. 46: Grabstein des Kapitäns Früd Faltings aus Oldsum auf Föhr. (Foto: Archiv der Ferring Stiftung in Alkersum/Föhr)

Abb. 47: Kapitän Jens J. Eschels aus Nieblum auf Föhr; Gemälde in Hamburger Privatbesitz. (Foto: Archiv der Ferring Stiftung in Alkersum/Föhr)

Abb. 48: Kapitän Ernst J. Faltings aus Oldsum auf Föhr mit seiner Mannschaft auf Westgrönland, um 1900. (Foto: Archiv der Ferring Stiftung in Alkersum/Föhr)

Abb. 49: Eisberge in der Disko-Bucht, Frühjahr 1980. (Foto: Jens Quedens, Norddorf/Amrum)

Abb. 50: Grabdenkmäler zweier Föhrer Seefahrer: a) des Kommandeurs Volkert Knudten aus Nieblum auf Föhr, b) des Matrosen Rörd Jensen aus Utersum auf Föhr. (Foto: a) Archiv der Ferring Stiftung in Alkersum/Föhr, b) Verfasser)

Abb. 51: Modell der Fleute *De Vryhyt*. (Sammlungen des Dr.-Carl-Häberlin-Friesen-Museums in Wyk/Föhr, Foto: ebenda)

Abb. 52: Das Altonaer Bootschiff *De Stadts Welvaert*; zeitgenössisches Aquarell in Privatbesitz. (Foto: Brar C. Roeloffs, Archiv der Ferring Stiftung in Alkersum auf Föhr)

Abb. 53: Die Brigg *Baldur* in einem zeitgenössischen Aquarell. (Foto: Archiv der Ferring Stiftung in Alkersum/Föhr)

Abb. 54: Die Bark *Nordlyset* unter Segel, 1915. (Foto: Arktisk Institut, Kopenhagen)

Abb. 55: Gerätschaften des Walfangs; Federzeichnungen von H. Simonsen. (Foto: Elke Schneider, Stiftung Historische Museen Hamburg/Altonaer Museum)

Abb. 56: Ernst J. Ketels aus Süderende auf Föhr als II. Steuermann der Bark *William Engels*, 1884. (Privatarchiv Ingke Ketels, Hamburg, Repro: Ferring Stiftung in Alkersum/Föhr)

Abb. 57: Auszug aus Christian Erkens Journal von der Grönlandfahrt 1850 auf der Kieler Brigg *Nordstern*, hier S. 147. (Repro: Foto Quedens, Amrum)

Abb. 58: Auszug aus Adrian Dircks' Journal der Winterreise nach Grönland 1781-82, hier 16./17. Mai 1782. (Repro: Ferring Stiftung, Alkersum/Föhr)

Abb. 59: Die Altonaer Schnau *Louisa Augusta*; kolorierter Stahlstich. (Sammlungen des Dr.-Carl-Häberlin-Friesen-Museums in Wyk/Föhr, Foto: ebenda)

Abb. 60: Seegebiet zwischen den Shetland- und Orkney-Inseln. (Aus: Riewerts/Roeloffs 1996: 188, mit freundlicher Genehmigung des Wachholtz Verlages, Neumünster)

Abb. 61: Ankunft bei Kap Farvel auf Grönland. (Foto: Svendborg Byhistoriske Arkiv, DK-Svendborg)

Abb. 62: Ansicht der grönländischen Kolonie Godthåb, vor 1900. (Foto: Archiv der Ferring Stiftung in Alkersum/Föhr)

Abb. 63: Eisfelder in der Disko-Bucht vor Jacobshavn, Frühjahr 1980. (Foto: Jens Quedens, Norddorf/Amrum)

Abb. 64: Die westgrönländische Küste zwischen dem 68. und 71. Breitengrad mit der Disko-Bucht. (Aus: Riewerts/Roeloffs 1996: 118, mit freundlicher Genehmigung des Wachholtz Verlages, Neumünster)

Abb. 65: Ansicht der grönländischen Kolonie Sukkertoppen, 1893. (Foto: Arktisk Institut, Kopenhagen)

Abb. 66: Ansicht der grönländischen Kolonie Egedesminde, 1896. (Foto: Arktisk Institut, Kopenhagen)

Abb. 67: Die Bark *Nordlyset* vor Anker in der grönländischen Kolonie Ritenbenk. (Foto: Handels- og Søfartsmuseet Kronborg, DK-Helsingør)

Abb. 68: Blick über die grönländische Siedlung Jacobshavn, Frühjahr 1980. (Foto: Jens Quedens, Norddorf/Amrum)

Abb. 69: Die Brigg *Constance* vor Anker in der grönländischen Kolonie Umanak, 1891. (Foto: Archiv der Ferring Stiftung in Alkersum/Föhr)

Abb. 70: Die Kolonie Godhavn, Dezember 1912. (Foto: Arktisk Institut, Kopenhagen)

Abb. 71: Die Kompassrose; Zeichnung aus N. Adriaansz.' *Schat-Kamer ofte Konst der Stuur-Lieden*, 1743. (Foto: Archiv der Ferring Stiftung in Alkersum/Föhr)

Abb. 72: Auszug aus A. Dircks' Journal der Winterreise nach Grönland 1781-82 mit der Logtafel des 30. Okt. 1781. (Repro: Ferring Stiftung, Alkersum/Föhr)

Abb. 73: Hölzerner Pinnkompass, 19. Jh. (Sammlungen Dr.-Carl-Häberlin-Friesen-Museum in Wyk/Föhr, Foto: ebenda)

169

Abb. 74: Neue Charte von dem Nordpol, 1723; aus: C.G. Zorgdrager, *Alte und neue Grönländische Fischerei und Wallfischfang*, 1723: 22. (Repro: Ferring Stiftung, Alkersum/Föhr)

Abb. 75: Eisfischerei auf dem 78. Breitengrad vor Grönland; Aquarell- und Deckfarbenmalerei, 1778. (Sammlungen Schleswig-Holsteinisches Landesmuseum in Schleswig, Foto: Archiv der Ferring Stiftung in Alkersum/Föhr)

Abb. 76: Der Harpunier setzt mit der Lanze zum tödlichen Stich an; Radierung von A. van der Laan, ca. 1720-30. (Foto: Archiv der Ferring Stiftung in Alkersum/Föhr)

Abb. 77: Pêche de la Baleine; französischer Stahlstich, 1835. (Sammlungen Dr.-Carl-Häberlin-Friesen-Museum in Wyk/Föhr, Foto: ebenda)

Abb. 78: Fliesentableau, darstellend das Bootschiff *De Vriheit* beim Flensen eines Wals. (Foto: Walter Lüden, Archiv der Ferring Stiftung in Alkersum/Föhr)

Abb. 79: Specksporen, 19. Jh. (Sammlungen Dr.-Carl-Häberlin-Friesen-Museum in Wyk/Föhr, Foto: ebenda)

Abb. 80: Ein mit Walknochen eingefriedigter Dungplatz. (Foto: Dr.-Carl-Häberlin-Friesen-Museum in Wyk/Föhr)

Abb. 81a-b: Der Grönlandwal; Temperamalereien von Fritz Diehl, 1933. (Foto: Elke Schneider, Stiftung Historische Museen Hamburg/Altonaer Museum)

9. Literaturliste

9.1. Gedruckte Quellen

van der Aa, Cornelis. 1805. *Atlas van de Zeehavens der Bataafsche Republiek, die van Batavia en Onrust. Meitsgaders de Afbeeldingen van de Haringssvischerij en de Walvisch Vangst.* Amsterdam.

Århammar, Nils. 1969. *Die Amringer Sprache. Die Amringer Literatur.* Itzehoe-Münsterdorf.

Århammar, Nils. 2001. 'Das Nordfriesische im Sprachkontakt (unter Einschluß der nordfriesischen Lexikologie)'. In: *Handbuch des Friesischen.* Hrg. von Horst Haider Munske. Tübingen. S. 313-353.

Asmussen, Bahne. 1824. *An unsern huldreichsten König und Vater Frederik VI. bey Dessen Besuch auf Föhr. Gefühlt von allen, gesprochen von B. Asmussen, Prediger zu St. Nicolai, Juny 1824.* [Föhr]. [Einblattdruck, Archiv Dr. Carl-Häberlin-Friesen-Museum, Wyk auf Föhr].

Asmussen, Bahne. 1828. *Schiffahrtskunde zum Nutzen und Vergnügen, in Reimen ohne Tabellen.* Schleswig.

Barthelmeß, Klaus. 1982. *Das Bild des Wals in fünf Jahrhunderten.* Köln.

Barthelmeß, Klaus & Joachim Münzing. 1991. *Monstrum Horrendum. Wale und Waldarstellungen in der Druckgraphik des 16. Jahrhunderts und ihr motivkundlicher Einfluß*, Teil 1-3. Schriften des Deutschen Schiffahrtsmuseums, Bd. 29. Bremerhaven.

Biographisches Lexikon für Schleswig-Holstein und Lübeck, Bd. 1ff. 1970ff. Neumünster.

Bobé, Louis. 1936. *Diplomatarium Groenlandicum 1492-1814. Aktstykker og Breve til Oplysning om Grønlands Besejling, Kolonisation og Missionering.* København.

Böndel, Dirk. 1987. *Admiral Nelsons Epoche. Die Entwicklung der Segelschiffahrt von 1770 bis 1815.* Berlin.

Boysen, Jacob. 1791-93. 'Beitrag zur Beschreibung der Insel Föhr'. In: *Schleswig-Holsteinische Provinzialberichte*, Bd. 5,1 (1791): S. 244-254, Bd. 7,1 (1793): S. 316-323, Bd. 7,2 (1793): S. 266-274.

Braren, Johann. 1988. *Chronik des Dorfes Oevenum auf Föhr.* Wyk auf Föhr.

Braren, Lorenz. ²1980. *Die Geschlechter-Reihen St. Laurentii-Föhr*, Teil 1-2. Husum.

Brarens, Hinrich. ³1819. *System der praktischen Steuermannskunde mit den nöthigen Tafeln zum Lehr- und Handbuche zweckmäßig eingerichtet und geordnet*. Magdeburg.

Brarens, Hinrich. ²1819. *System der praktischen Schifferkunde*. Magdeburg.

Braukmüller, Heide. 1990. *Grönlands Weg der Dekolonisation. Von der Teilhabe an der dänischen Gemeindeverwaltung bis zur Landesselbstverwaltung*. Weener.

Brinner, Ludwig. 1913. *Die deutsche Grönlandfahrt*. Abhandlungen zur Verkehrs- und Seegeschichte im Auftrag des Hansischen Geschichtsvereins, Bd. 7. Berlin.

Brockhaus Enzyklopädie, Bd. 1-30. ²¹2005-06. Mannheim.

Bruijn, Jaap R. 2000. 'A Small North Frisian Island and the Decline of the Dutch Whaling Trade c. 1780'. In: *Négoce, Ports et Océans XVIe-XXe siècles. Mélanges offerts à Paul Butel*. Bordeaux. S. 171-180.

Claviez, Wolfram. ³1994. *Seemännisches Wörterbuch*. Bielefeld.

Clement, Knudt J. 1846. *Der Lappenkorb von Gabe Schneider aus Westfrisland, mit Zuthaten aus Nord-Frisland*. Leipzig.

Cranz, David. 1767. *Historie van Groenland*. Haarlem/Amsterdam.

Dekker, Pieter. 1971. *De laatste bloeiperiode van de Nederlandse arctische walvis- en robbenvangst 1761-1775*. Zaltbommel.

Dekker, Pieter. 1973. 'Westfriesische Schiffsfliesenbilder in Nordfriesland'. In: *Nordfriesisches Jahrbuch* N.F. 9: S. 133-142.

Dekker, Pieter. 1978. 'Föhrer Seeleute bei der niederländischen Walfangfahrt besonders im 18. Jahrhundert'. In: *Nordfriesisches Jahrbuch* N.F. 14: S. 113-160.

Ellis, Richard. 1993. *Mensch und Wal. Die Geschichte eines ungleichen Kampfes*. München.

Eschels, Jens J. 2006. *Lebensbeschreibung eines alten Seemannes. Von ihm selbst und zunächst für seine Familie geschrieben*. Hrg. von Albrecht Sauer [nach der Erstausgabe von 1835. Altona]. Bremerhaven/Hamburg.

Falk, Fritz J. 1987. 'Ricardus Petri og Jesper Ørum – navigationsundervisning på Føhr og Rømø'. In: *Sønderjysk Månedsskrift* 1987: S. 97-104.

Falk, Fritz J. 1998. *Aufsässige Seefahrer auf Föhr. Eine Auseinandersetzung im Jahre 1781*. Bredstedt.

Faltings, Volkert F. 1985. *Kleine Namenkunde für Föhr und Amrum*. Hamburg.

Faltings, Volkert F. (Hrg.). 1988. *Ein Föhrer blickt zurück. Joachim Hinrich-*

sens Lebenserinnerungen. Nordfriesische Lebensläufe, Bd. 1. Bredstedt/ Insel Amrum.

Feldbæk, Ole. 1997. *Storhandelens tid*. Dansk søfarts historie, Bd. 3: *1720-1814*. København.

Feddersen, Berend H. ²1995. 'Das Jahr der Wal- und Robbenjäger'. In: *Der historische Walfang der Nordfriesen*, Bd. 1. [Schriftenreihe des Nordfriesischen Seefahrtsmuseums Husum, Bd. 2]. Husum. S. 10-78.

Fleischer, Jørgen. 2003. '»Lille, rare inspektør« og det slemme skib'. In: *Sermitsiaq* 29 (18.7.2003): S. 12-13.

Frandsen, Niels H. 2010. *Nordgrønland 1790-96. Inspektør B.J. Schultz' indberetninger til direktionen for den Kongelige grønlandske Handel*. København.

Gad, Finn. ²1978. *Grønlands Historie*, Bd. 1-3. København.

Gad, Finn. 1984. *Grønland*. København.

Gietermaker, Claas Hendriksz. ⁴1684. *'t Vergvlde Licht der Zeevaart, ofte Konst der Stuurluyden. Zijnde een volkoomen en klaare onderwijsinge der Navigatie, bestaande 't geen een Stuurman hooghnoodig behoorde te weten*. Amsterdam.

Godbersen, Christfried. 2004: 'Föhringer Commandeure, Kapitäne und ihre Schiffe'. In: *Strandungen, Havarien, Kaperungen. Beiträge zur Seefahrtsgeschichte Nordfrieslands*. Hrg. im Auftrag der Ferring Stiftung von Robert Bohn und Sebastian Lehmann. [Nordfriesische Quellen und Studien, Bd. 4. Hrg. von der Ferring Stiftung in Alkersum auf Föhr]. Amsterdam. S. 155-174.

Groenewegen, G. 1789. *Verzameling van vier en tachtig Stuks Hollandsche Schepen*. Rotterdam.

Grønland i Tohundredaaret for Hans Egedes Landing, Bd. 2. 1921. Meddelelser om Grønland, Bd. 61. København.

Häberlin, Carl. 1906. *Der Rückgang der seemännischen Bevölkerung auf den nordfriesischen Inseln*. Husum. [ebenfalls abgedruckt in *Politisch-Anthropologische Revue* 1905/06, Bd. 4].

Häberlin, [Carl]. 1906a. *Beiträge zu einer Chronik des Fleckens Wyk*. Wyk auf Föhr.

Häberlin, Carl. 1934. *Die Nordfriesischen Salzsieder*. Föhrer Heimatbücher, Nr. 18. Wyk a. Föhr. Heide.

Hans Momsen – der Landmann, Mechaniker und Mathematiker aus Fahre-

toft in Nordfriesland. Mit Beiträgen von Marcus Petersen, Ingwer Ernst Momsen und Reimer Kay Holander. 1982. Husum.

Hansen, C.P. 1865. *Das Schleswig'sche Wattenmeer und die friesischen Inseln*. Glogau.

Hansen, C.P. ²1877. *Chronik der Friesischen Uthlande*. Garding.

Hansen, Karin. 2009. 'Bedeutung auch für die Stadt Wyk? Der Walfang'. In: *Inselmagazin* 23: S. 6-7.

[Hilty, Hans R.] 1978. *Vogelkojen in Nordfriesland*. Münsterdorf.

Jankuhn, Herbert. 1960. 'Zur Frage der nordfriesischen Einwanderung in Nordfriesland'. In: *Philologia Frisica anno 1959*: S. 11-19.

Jarchow, Uwe. 1978. *Die große Zeit der Kauffahrtei – The Great Time of Merchantmen*. Hamburg.

Jensen, Christian. ²1927. *Die Nordfriesischen Inseln Sylt, Föhr, Amrum, Helgoland und die Halligen vormals und jetzt*. Lübeck.

Jensen, Christian. 1928. 'Pastor Bahne Asmussen und seine Schiffahrtskunde'. In: *Schleswiger Nachrichten* vom 28. August 1928.

Jenssen, R. Wilhelm. ca. 1957. *Zum Gedenken des bedeutenden Altonaer Segelschiffskapitäns Jens Jacob Eschels, 12. XII. 1757 – 7. VI. 1842*. Hamburg-Othmarschen. [masch.schriftl.].

de Jong, C. 1972-79. *Geschiedenis van de oude Nederlandse walvisvaart*, Bd. 1-3. Pretoria.

Jung Peters, Peter. 1798. 'Nachricht von der Navigationsschule auf Föhr'. In: *Schleswig-Holsteinische Provinzialberichte* 12,2: S. 264-266.

Jung Peters, Peter. 1824. 'Beschreibung der Insel Föhr'. *Schleswig-Holstein-Lauenburgsche Provinzialberichte* 13,2: S. 40-49, 13,3: S. 87-97.

Jung Peters, Peter. 1826. 'Beschreibung der Insel Föhr'. *Schleswig-Holstein-Lauenburgsche Provinzialberichte* 15,3: S. 373-393.

[Jung Peters, Peter]. 1827. 'Bemerkungen, veranlaßt durch des Herrn Kammerherrn Friedrich v. Warnstedt's Beschreibung der Insel Föhr'. *Schleswig-Holstein-Lauenburgsche Provinzialberichte* 16,4: S. 640-673.

Kahlfuß, Hans-Jürgen. 1969. *Landesaufnahme und Flurvermessung in den Herzogtümern Schleswig, Holstein und Lauenburg vor 1864. Beiträge zur Geschichte der Kartographie Nordalbingiens*. Neumünster.

Ketels, Ernst. 1990. *Walfänger-Kommandeur Erk Ketels*. Lübeck.

Ketels-Harken, Ernst J. 2010. *Vom Schiffsjungen zum Kapitän. Lebenserinnerungen eines Föhrer Seefahrers*. Hrg. von Uwe E. Johannsen, Ingke O.

174

Ketels und Brar C. Roeloffs. Nordfriesische Quellen und Studien, hrg. von der Ferring Stiftung in Alkersum auf Föhr, Bd. 8. Husum.

Kluge, Friedrich. 1911. *Seemannssprache. Wortgeschichtliches Handbuch deutscher Schifferausdrücke älterer und neuerer Zeit.* Halle.

Knauer, Oliver. 1981. 'Die Föhrer Vogelkojen und die Entenfabrik'. In: *Insel-Bote* vom 30. 10., 31.10., 2.11., 4.11., 6.11. und 9.11.1981.

Kohl, Johann G. 1846. *Die Marschen und die Inseln der Herzogthümer Schleswig und Holstein*, Bd. 1-2. Leipzig.

Kollbaum-Weber, Jutta (Hrg.). 2007. *Historische Jagd- und Fangmethoden auf der Insel Föhr und in den Uthlanden.* Begleitheft zur naturkundlichen Abteilung des Dr.-Carl-Haeberlin-Friesen-Museums, Bd. 1. Husum.

Koops, Heinrich. 1981. 'Konsul Nommen Friedrich Nommensen aus Wyk. Sein Lebenswerk war die Wyker Schiffswerft am Hafen'. In: *Insel-Bote* vom 2.7.1981.

Koops, Heinrich. 1987. *Kirchengeschichte der Insel Föhr. Ein Beitrag zur Kirchengeschichte Schleswig-Holsteins.* Husum.

Kühn, Hans J. 2001. 'Archäologische Zeugnisse der Friesen in Nordfriesland'. In: *Handbuch des Friesischen.* Hrg. von Horst H. Munske. Tübingen. S. 499-503.

Larsen, Øivind. 1968. *Schiff und Seuche 1795-1799. Ein medizinischer Beitrag zur historischen Kenntnis der Gesundheitsverhältnisse an Bord dänisch-norwegischer Kriegsschiffe auf der Fahrt nach Dänisch-Westindien.* Oslo.

Lindeman, Moritz. 1869. *Die arktische Fischerei der deutschen Seestädte 1620-1868 in vergleichender Darstellung.* Ergänzungsheft Nr. 26 zu Petermann's Geographischen Mittheilungen. Gotha.

Lüden, Catharina. 1970. 'Navigationslehrer Richardus Petri. Ein Pastor macht Heringsfischer zu Walfang-Commandeuren'. In: *Damals. Zeitschrift für geschichtliches Wissen* 1970, Heft 7: S. 602-609.

Lüden, Catharina. 1983. *Sklavenfahrt mit Seeleuten aus Schleswig-Holstein, Hamburg und Lübeck im 18. Jahrhundert.* Heide.

Lüden, Catharina & Walter Lüden. 1978. *Holländische Fliesen in Norddeutschland.* Heide.

Lüden. Walter. 1984. *»Redende Steine«. Grabsteine auf der Insel Föhr.* Hamburg.

Lüden, Walter. 1989. *Föhrer Seefahrer und ihre Schiffe. Walfang und Kauffahrteischiffahrt.* Heide.

175

Marcussen, Nis R. 1977. 'Tausend Jahre Salzgewinnung in Nordfriesland'. In: *Zwischen Eider und Wiedau* 1977: S. 110-138.

Martens, Friderich. 1675. *Spitzbergische oder Groenlandische Reise Beschreibung gethan im Jahr 1671*. Hamburg. [Faksimiledruck 2010. Saarbrücken.]

Martens, Johannes. 1845. 'Grönlandfahrt von Föhr'. *Itzehoer Wochenblatt* vom 12.6.1845.

Mehl, Lothar. 1968. 'Die Anfänge des Navigationsunterrichts unter besonderer Berücksichtigung der deutschen Verhältnisse'. In: *Paedagogica Historica* 8: S. 372-441.

Meyer-Haßfurther, Monika & Ingo Meyer-Haßfurther. 2005. *500 Jahre Navigation. Navigationsinstrumente vom 15. bis zum 19. Jahrhundert*. Hamburg.

Münzing, Joachim. 1978. *Die Jagd auf den Wal. Schleswig-Holsteins und Hamburgs Grönlandfahrt*. Heide.

Nerong, Ocke C. 1887. *Chronik der Familie Flor*. [Wyk auf Föhr].

Nerong, Ocke C. 1898. *Das Dorf Wrixum. Historisch und topographisch beschrieben*. [Dollerup].

Nerong, Ocke C. 1901. *Die Militär-Verhältnisse Föhrs in früheren Jahrhunderten*. Wyk. [unpaginierter Sonderdruck aus den *Föhrer Nachrichten* vom 3. und 7.5.1901].

Nerong, Ocke C. 1902. *Pastor Bahne Asmussen*. Wyk auf Föhr.

Nerong, Ocke C. 1903. *Die Insel Föhr*. [Dollerup].

Niemann, August C.H. 1796. 'Bruchstükke zur Geschichte des Wallfischfanges'. *Schleswig-Holsteinische Provinzialberichte* 10,1: S. 35-55.

Oesau, Wanda. 1937. *Schleswig-Holsteins Grönlandfahrt auf Walfischfang und Robbenschlag vom 17. – 19. Jahrhundert*. Glückstadt/Hamburg/New York.

Ostermann, H. 1945. *Danske i Grønland i det 18. aarhundrede*. Kjøbenhavn.

Paulsen, Friedrich (Hrg.). 1973. 'Aus den Lebenserinnerungen des Grönlandfahrers und Schiffers Paul Frercksen'. Kommentiert von Pieter Dekker. In: *Nordfriesisches Jahrbuch* N.F. 9: S. 95-132.

Petersen, G.P. 1825. *Erinnerungen aus dem Leben des Königlichen Justizraths Peter Matthiessen, vormaligen Land- und Birkvogts auf Föhr, ersten Bürgermeisters in Copenhagen und Mitdirectors des Königl. Fischerei- und Handelsinstituts in Altona*. Altona.

Pfeiffer, Werner. 1977. *Geschichte des Geldes in Schleswig-Holstein.* Heide.

Pluis, Jan. 1970. 'Schiffsbilder auf Fliesen'. In: *Nordfriesisches Jahrbuch* N.F. 6: S. 9-27.

Posselt, Christian F. 1796. 'Über den Grönländischen Wallfischfang'. In: *Schleswig-Holsteinische Provinzialberichte* 10,1: S. 1-34.

Quedens, Georg. 1982. *Inseln der Seefahrer: Sylt, Föhr, Amrum und die Halligen.* Hamburg.

Quedens, Georg. 1988. *Das Friesenhaus.* Hamburg.

Quedens, Georg. 2002. *„Fall överall!" Amrumer Grönlandfahrt auf Walfang und Robbenschlag.* Amrum.

Rasmussen, Laura. [1996]. *Geschichte und Geschichten eines Föhrer Dorfes: Oevenum.* Husum.

Riewerts, Erich & Brar C. Roeloffs. ²1996. *Föhrer Grönlandfahrer.* Neumünster.

Röding, Johann H. 1793-1798. *Allgemeines Wörterbuch der Marine in allen europæischen Seesprachen nebst vollstændigen Erklærungen,* Bd. 1-4. Hamburg/Leipzig. [Nachdruck 1969. Amsterdam].

Roeloffs, Brar C. 1977. 'Unruhen auf Westerlandföhr im Jahre 1781'. In: *Zwischen Eider und Wiedau* 1977: S. 87-92.

Roeloffs, Brar C. 1978. 'Unruhen auf Westerlandföhr im Jahre 1781 – Fortsetzung –'. In: *Zwischen Eider und Wiedau* 1978: S. 104-108.

Roeloffs, Brar C. 1983. 'Vom Walfang zur Handelsfahrt'. In: *Die Heimat* 90: S. 237-242.

Roeloffs, Brar C. 1999. 'Föhrer Seefahrer auf Grönlandfahrt von Kopenhagen'. In: *Nordfriesische Seefahrer in der frühen Neuzeit.* Hrg. von Robert Bohn. [Nordfriesische Quellen und Studien, Bd. 1]. Amsterdam. S. 24-44.

Roeloffs, Brar C. 2007. *Bauern, Seefahrer und Auswanderer von der Insel Föhr.* Geschlechterreihen St. Laurentii-Föhr, Teil 4. [Nordfriesische Quellen und Studien, Bd. 6]. Husum.

Roeloffs, Brar C. & Knudt Wilke. 2000. *Westerlandföhr und Amrum im 18. Jahrhundert. Eine regionalspezifische Studie aufgrund der Volkszählungen 1769 und 1787 in St. Laurentii und St. Clemens.* Schriftenreihe (Neue Folge) des Dr.-Carl-Haeberlin-Friesenmuseums Wyk auf Föhr, Heft. 16. Husum.

Roeloffs, Gesche. 1997. *Die medizinische Versorgung auf Walfangschiffen des Grönlandhandels unter Berücksichtigung der Chirurgenprotokolle.* Studien und Materialien, Bd. 29. Bredstedt.

Schirren, Carl & Wolfgang Schulze. 1984. 'Medizinische Versorgung auf nordfriesischen Grönlandschiffen anhand der Anweisungen des Christian Erichsen'. In: *Nordfriesisches Jahrbuch* N.F. 20 [Fs. Dr. F. Paulsen zu seinem 75. Geburstag am 31. Juli 1984]: S. 67-75.

Schlichting, Frank. 1985. *Haus und Wohnen in Schleswig-Holstein. Literarische Zeugnisse des 18. und 19. Jahrhunderts und die Frage ihres Realitätsgehaltes.* Studien zur Volkskunde und Kulturgeschichte Schleswig-Holsteins, Bd. 15. Neumünster.

Schlee, Ernst. 1960. 'Oktanten von der Insel Föhr'. In: *Folkeliv og Kulturlevn. Studier tilegnet Kai Uldall 14. sept. 1960.* København. S. 77-90.

Schokkenbroek, Joost C.A. 2008. *Trying-Out. An Anatomy of Dutch Whaling and Sealing in the Nineteenth Century, 1815-1885.* Amsterdam.

Schreiber, Elisabeth & Dieter Hanke. 1985. *Friedevoller Hafen. Alte Grabsteine auf dem Kirchhof von St. Johannis in Nieblum.* Duisburg.

Schröder, Willy. 1961. 'Oktanten, von Föhrer Seefahrern gebaut'. In: *Insel-Bote* vom 16.2.1961.

Scoresby, William. 1820. *An Account of the Arctic Regions, with a History and Description of the Northern Whale-Fishery*, Bd. 1-2. Edinburgh.

Sheppard, Thomas. 1939. *The Old Dutch Whalers.* Hull Museum Publications, No. 202. Hull.

Steensen, Thomas. 1984. 'Die Insel Föhr in der Abstimmungszeit'. In: *Nordfriesisches Jahrbuch* N.F. 20 [Fs. Dr. F. Paulsen zu seinem 75. Geburtstag am 31. Juli 1984]: S. 111-142.

Steffen, Uwe. ²2010. *Der erfolgreichste Walfänger der Nordfriesen. Matthias der Glückliche und seine Zeit.* Nordfriesische Lebensläufe, Bd. 8. Bräist [Bredstedt].

Strøm Tejsen, Aage. 1977. 'The History of the Royal Greenland Trade Department'. In: *Polar Record* 116: S. 451-474.

Tedsen, Julius. 1939. 'Föhrer Navigationslehrer'. In: *Schleswig-Holsteinischer Hauskalender* 1939: S. 111-117.

Tving, R. 1944. *Træk af Grønlandsfartens Historie.* Det Grønlandske Selskabs Skrifter, Bd. 13. København.

Voigt, Harald. 1979. '„Als ob sie förmlich bey ihnen in die Lehre gegeben". Nordfriesische Seeleute als Ausbilder auf russischen Walfängern um 1800'. In: *Nordfriesisches Jahrbuch* N.F. 15: S. 71-79.

Voigt, Harald. 1987. *Die Nordfriesen auf den Hamburger Wal- und Rob-

benfängern 1669-1839. Studien zur Wirtschafts- und Sozialgeschichte Schleswig-Holsteins, Bd. 11. Neumünster.

Volquardsen, J.V. [1933]. *Die Vogelkojen der Insel Föhr.* Wyk auf Föhr.

de Vries, Klaas. ²1713. *Schat-Kamer ofte Konst der Stuur-Lieden; Synde eene klare Onderwysinge der Navigatie, van al het geen een Stuurman, aangaande de Konst, behoorde te weeten.* Amsterdam.

Waschinski, Emil. 1959. *Währung, Preisentwicklung und Kaufkraft des Geldes in Schleswig-Holstein von 1226-1864, Teil 2. Anhänge mit Materialien zu einem Schleswig-Holsteinischen Münzarchiv und zur Geschichte der Preise und Löhne in Schleswig-Holstein.* Quellen und Forschungen zur Geschichte Schleswig-Holsteins, Bd. 26,2. Neumünster.

Welke, Ulrich. 1997. *Der Kapitän. Die Erfindung einer Herrschaftsform.* Münster.

Witt, Jan Markus. 2001. *Master next God? Der nordeuropäische Handelsschiffskapitän vom 17. bis zum 19. Jahrhundert.* Hamburg.

Zacchi, Uwe. 1986. *Menschen von Föhr. Lebenswege aus drei Jahrhunderten.* Heide.

Zorgdrager, Cornelis Gijsbertsz. 1723. *Alte und neue Grönländische Fischerei und Wallfischfang.* Ausgefertiget durch Abraham Moubach. Aus dem Holländischen übersetzet von Erhard Reusch. Leipzig. [Nachdruck 1975. Kassel].

9.2. Unveröffentlichte Manuskripte

Dircks, Adrian. 1781. *Jurnnal: Gehalten auf daß Schif Gootthaab Dorch Commendör Adrian Dircks auß gehende in 1781: den 14 September von Copenhagen nach strasse David.* Archiv des KGH im Rigsarkivet, Kopenhagen. [Eingesehen in einer Abschrift von Karin und Kai Faltings im Archiv der Ferring Stiftung, Alkersum/Föhr].

Erken, Christian. 1850. *Journal Buch, geführt auf dem Grönlandfahrer Nordstern v. Kiel, von Christian Erichsen Schiffsführer.* Privatbesitz Amrum. [Eingesehen als Kopie in der Ferring Stiftung, Alkersum/Föhr].

Faltings, Volkert F. 2003. *Die Föhrer Navigationsschulen.* [unveröffentlichtes Vortragsmanuskript in der Bibliothek der Ferring Stiftung in Alkersum/Föhr].

Lehmann, Sebastian. 1999. *Föhrer Walfang. Zur Wirtschafts- und Sozialgeschichte einer nordfriesischen Insel in der frühen Neuzeit.* Kiel. [unveröffentlichte Magisterarbeit, eingesehen in der Bibliothek der Ferring Stiftung].

179

9.3. Archivmaterial

Archiv des Dr.-Carl-Häberlin-Friesen-Museums, Wyk auf Föhr:
Hfc/449.

Grønlands Nationalarkiv, Nuuk:
Grönlands Vestkyst. Faltings Havn med Indlöbet dertil (Hollænder-havn). Opmaalt 1907 af Premierlöjtnant i Flaaden Th. Borg. Maalestok 1:6000. 1910.

Grönlands Vestkyst. Indlöbene til Godthaabs-Fjord. Maalestok 1:80,000 paa 64 Br. Opmaalt 1908 af Premierlöjtnant i Flaaden Th. Borg. 1913.

Kongelige Bibliotek, Kopenhagen:
kort- og billedafdeling, mindre lokaliteter H-Ø, Sign. 1909.469.

Landesarchiv Schleswig-Holstein, Schleswig:
Abt. 161 Nr. 202, 203, 315.

Rigsarkivet, Kopenhagen:
Commercecollegium Nr. 3230.

Volkszählungsliste 1.7.1787 [eingesehen in Kopie im Archiv der Ferring Stiftung in Alkersum/Föhr].

10. Glossar

Das vorliegende Glossar beschränkt sich auf nautische Fachbegriffe und solche, die mit dem grönländischen Walfang zu tun haben. Hinsichtlich der Worterklärungen sind vornehmlich Röding 1793-1798, Kluge 1911, Claviez 1994 und die *Brockhaus Enzyklopädie* 2005-06 zu Rate gezogen worden. Allgemeinverständliche Ausdrücke werden nicht aufgeführt.

abladen ein Schiff beladen.

abmachen den Walspeck zerkleinern und in Fässer abfüllen.

Baienfischerei von Land aus betriebener Walfang in den *Baien* (Buchten) von Spitzbergen.

Bankschneider Matrose an Bord eines Walfängers, der beim *Abmachen* die würfelförmigen Speckstücke, die der *Strandschneider* ihm liefert, in kleine schmale Streifen schneidet.

Bark dreimastiges Schiff, dessen hinterer Mast (Besanmast) keine Rahen hat.

Barten lange, hornartige, dicht wie Zähne gewachsene Platten im Oberkiefer eines Bartenwals, die das Fischbein liefern.

Besteck Berechnung zur Feststellung des geographischen Ortes (Länge und Breite) eines Schiffes auf See.

Blasloch Atemloch des Wals.

Bootschiff aus der *Fleute* (s.u.) hervorgegangenes dreimastiges Barkschiff von 100-120 Fuß Länge, 26-30 Fuß Breite und 50-150 CL, mit einem geräumigen Deck und breitem, hochgezogenem Heckspiegel; die Bezeichnung *Bootschiff* erfolgte nach den mitgeführten, häufig außenbords angebrachten Schaluppen; im Walfang des 18. Jh. wohl der gängigste Schiffstyp.

Bootsmann seemännischer Dienstgrad mit Vorarbeiterfunktion für die Matrosen; hauptsächlich verantwortlich für die Instandhaltung des Schiffes, vor allem der Takelage.

Brandwache ständige Bereitschaftswache einer vollausgerüsteten Schaluppenmannschaft, um beim Auftauchen eines Wals umgehend seine Verfolgung aufnehmen zu können.

Breite vgl. *geographische Breite.*

Brigantine Abart der *Brigg*; die Brigantine führt Untermasten und Marsstengen aus einem Stück.

Brigg Zweimaster mit Rahen an Fock- und Großmast.

BTR *Bruttoregistertonne* (1 BTR = ca. 2,832 m³)

Buchtenfischerei vgl. *Baienfischerei.*

Chirurgus Schiffsarzt; vor dem 19. Jh. eine Art Bader oder Wundarzt ohne akademische Ausbildung.

Chronometer präzise mechanische Uhr zur Zeitbestimmung in der Navigation von Schiffen.

CL *Commerzlast* (1 CL = 2.400 kg)

Decksjunge jugendlicher Lehrling im Schiffsdienst, der seine Arbeit an Deck verrichtet.

Eiderdaunen Daunen der Eiderente; im Grönlandhandel eine begehrte Handelsware.

Eisfischerei Walfang an den Eisfeldern bei Grönland und Spitzbergen.

Enrollierung Einschreibung zum Kriegsdienst bei der Marine.

Etmal 1. 24-stündiger Zeitraum von einem Mittag zum nächsten; 2. die von einem Segelschiff in einem Etmal zurückgelegten Seemeilen auf rechtweisendem Kurs; ein Etmal ist in 6 Wachen zu je 4 Stunden eingeteilt.

Fangleine Verbindungsleine zwischen dem harpunierten Wal und der Fangschaluppe.

Fischrevier Fanggebiet für Wale.

Fleet die Gesamtheit aller zum Walfang benötigten Gerätschaften.

flensen die Speckschicht vom Wal abtrennen und mittels einer Talje zur Weiterverarbeitung an Bord holen.

Flensgatt Loch auf dem Deck vor dem Großmast, durch das der Walspeck unter Deck befördert wird.

Fleut bauchiges, flachgehendes dreimastiges Schiff niederländischen Ursprungs mit rundem Achterschiff und stark eingezogenen Seitenwänden; als Schiffstyp im 17. und 18. Jh. weit verbreitet, daraus hervorgegangen das *Bootschiff* (s.o.).

Fluke Schwanzflosse des Wals.

Fregatte schnelles und wendiges dreimastiges Vollschiff mit durchgehend rahgetakelten Masten.

Galeasse zweimastiges Schiff mit einem Großmast und einem kleinen Besanmast sowie mit einem platten Heck.

Generalkurs Gesamtkurs als Summe aller Kurse zwischen dem Ausgangspunkt des ersten Kurses und dem Endpunkt des letzten Kurses, aus dem sich die gutgemachte Strecke ergibt; vgl. *Koppelnavigation.*

geographische Breite definiert die im Winkelmaß (Grad) angegebene nördliche oder südliche Entfernung eines Punktes der Erdoberfläche vom Äquator; vgl. *geographische Länge*.

geographische Länge beschreibt eine der beiden Koordinaten eines Punktes auf der Erdoberfläche, und zwar seine Position östlich oder westlich des *Nullmeridians* (einer künstlich festgelegten Nord-Süd-Linie); vgl. *geographische Breite*.

gissen vgl. *Gissung*.

Gissung Bestimmung einer Schiffsposition in Bezug auf einen zurückliegenden Ort unter alleiniger Verwendung von Zeitmessungen und Messungen der Schiffsgeschwindigkeit nach Richtung und Betrag; siehe *Koppelnavigation*.

Grönlandfahrer ursprünglich ein Seefahrer, der Walfang im arktischen Eismeer zwischen Spitzbergen und Ostgrönland betreibt, häufig im Gegensatz zu dem Begriff *Straat-Davis-Fahrer* (s.u.) gebräuchlich.

Grönländische Schaluppe vgl. *Schaluppe*.

Harpunier Offizier an Bord eines Walfängers, der das Kommando über eine Fangschaluppe führt und dem es obliegt, den Wal zu harpunieren und zu töten.

Heckspiegel das gewölbte oder flache hinterste Ende eines Schiffes oberhalb der Wasserlinie.

Heuerbaas gewerbsmäßiger Stellenvermittler für Seeleute.

Jakobsstab astronomisches Instrument zur Winkelmessung und zur unmittelbaren Streckenmessung, benannt nach der Ähnlichkeit mit dem Pilgerstab der Jakobspilger; der Jakobsstab ist ein Vorläufer des *Oktanten* und des *Sextanten*.

Journal Schiffstagebuch zur Aufzeichnung aller während der Fahrt auftretenden Vorkommnisse und Beobachtungen; dient nicht zuletzt auch dem Kapitän als schriftliche Dokumentation und Rechtfertigungsgrundlage gegenüber dem Reeder oder staatlichen Behörden.

Kabelgatt Aufbewahrungsort sämtlicher Trossen und des nicht in Gebrauch befindlichen Tauwerks.

Kajütsjunge Schiffsjunge, dessen Aufgabenbereich in der Kajüte liegt, wo er dem Kapitän und den übrigen Schiffsoffizieren zur Hand geht.

Kaperschiff ein von Privat-Reedern ausgerüstetes Schiff, das unter Bevollmächtigung eines kriegsführenden Staates der Schifffahrt des feindlichen Staates den größtmöglichen Schaden zufügen soll, den die Gesetze erlauben, etwa durch Beschlagnahme des Schiffes und der Ladung sowie die Arrestierung der Mannschaft.

Kapper Matrose an Bord eines Walfängers, der beim *Abmachen* die zähen Speckstücke zerhackt, die sich nicht schneiden lassen.

Kappmesser großes Messer, mit dem auf einer Schaluppe im Notfall die Fangleine gekappt wird, etwa wenn der Wal droht das Schiff unter das Eis zu ziehen.

Kardeel Maß, in dem der Walspeck und -tran angegeben wird; 1 *Kardeel* entspricht für gewöhnlich 2 Tonnen zu je 200 bis 226 Pfund, insgesamt also etwa 4 Zentner (200 kg).

Kauffahrer 1. Handelsschiff, 2. Kapitän auf einem Handelsschiff.

Kaufmann dän. *k(j)øbmand*, Vorsteher einer dänischen Kolonie auf Westgrönland.

KGH *Kongelige Grønlandshandel* Königlicher Grönlandshandel mit Sitz in Kopenhagen.

Klaas Haublock, auf dem die Speckstücke von Haut und Fleisch befreit werden.

Kochsmaat Gehilfe des Schiffskochs.

Kommandeur Schiffsführer auf einem Walfangschiff.

Kreuzpeilung einfache Methode zur Positionsbestimmung mittels Peilung zweier sichtbarer Objekte (Landmarken), deren Position bekannt ist.

Kompassrose traditionell in 32 gleich große Abstände zu je 11,25° unterteilter Vollkreis des Kompasses.

koppeln vgl. *Koppelnavigation*.

Koppelnavigation laufende Ortsbestimmung eines fahrenden Schiffes durch Messen des *Kurses* (Bewegungsrichtung), der *Fahrt* (Geschwindigkeit) und der Zeit.

Küper seemännischer Dienstgrad auf einem Walfänger mit Vorarbeiterfunktion, der zuständig ist für den ordnungsgemäßen Zustand der Tran- und Speckfässer, insbesondere für das sachgerechte Abfüllen des Trans bzw. Specks in die Fässer.

Landmarke weithin sichtbares, auffälliges topographisches Objekt (Geländeformation, Bauwerk), an dem der Seemann sich räumlich orientieren kann.

Landpeilung Peilung einer Landmarke durch Messen des Winkels der Landmarke zur Nord- oder Kielrichtung des Schiffes.

Länge vgl. *geographische Länge*.

Lanze vgl. *Lense*.

Lense oder *Lanze*; langer, speerartiger Spieß, mit dem der ermattete Wal durch den Harpunier mit einem gezielten Stich in Herz oder Lunge getötet wird.

lenzen ein leckes Schiff durch Pumpen flott halten.

Lienhock besonderer Ort an Bug und Heck der Schaluppe, an dem die Fangleinen aufgeschossen, d.h. aufeinandergelegt werden.

Lienschießer Matrose, der die Fangleinen in das *Lienhock* (s.o.) einschießt, d.h. aufeinanderlegt.

Logtafel Tabelle mit verschiedenen Spalten, in denen die Stunden des Tages, die Windrichtung, der Kurs, die beobachtete Breite, die Abtrift und sonstige Vorfälle von einem Mittag zum nächsten eingetragen werden.

Macker Partner, Kompagnon.

Mackerschaft Zusammenschluss zweier oder mehrerer Partner zur Erreichung eines gemeinsamen wirtschaftlichen Erfolges im Walfang.

Mackerschiff Schiff des Partners, mit dem man *Mackerschaft* vereinbart hat.

Malmucker junger Matrose, der von einer Schaluppe aus den Speckschneidern zuarbeitet und die *Malmucken* oder Eissturmvögel verjagt oder erschlägt, die sich an den Walkadaver heranmachen.

Missweisung horizontaler Winkel, um den die Kompassnadel infolge der Diskrepanz zwischen dem geographischen und magnetischen Erdpol abweicht.

Monatsgeld vgl. *Monatsheuer*.

Monatsheuer fest vereinbarte Gage, die monatsweise berechnet wird, im Gegensatz zum Partengeld (s.u.); Monatsheuer oder *Monatsgeld* wurde vorzugsweise an die unteren Mannschaftsränge gezahlt.

Nullmeridian Längengrad (senkrecht zum Erdäquator stehender, vom Nord- zum Südpol verlaufender Halbkreis), von dem aus die *geographische Länge* nach Ost und West gezählt wird; seit 1884 verläuft der Nullmeridian durch das Königliche Observatorium in Greenwich/London.

Oktant nautisches Gerät zur Messung von Winkeln, benannt nach dem Achtelkreis, den die 45° der Skala beschreiben; der Oktant wird im 19. Jh. weitgehend durch den *Sextanten* verdrängt.

Orlogsflagge dänische Kriegsflagge.

Partengeld Gage, die am Erlös der erbeuteten Wale ausgerichtet ist; ein volles Partengeld erhalten vorzugsweise die Schiffsoffiziere, aber auch in niedrigeren Rängen gibt es *halbe* oder *Viertelpartengelder*.

Partenier vgl. *Partfahrer.*

Partfahrer Walfänger (meist in Offiziersrängen), die *Partengeld* (s.o.) erhalten.

Poespas niederländische Bezeichnung für ein traditionelles Eintopfgericht auf den Walfangschiffen, bestehend aus Reis, grünen Kräutern und Fleisch, häufig dem Fleisch einer Malmuck-Möwe (Eissturmvogel).

Positionslaterne Laterne (grün an Steuerbord, rot an Backbord) zur Erkennung von Fahrtrichtung und Ort eines Schiffes.

rechtweisend auf den geographischen Nordpol bezogen, auf den wahren Norden weisend; der *rechtweisende Kurs* ist der Kurs, auf dem das Schiff segelt oder gesegelt ist, nachdem Abtrift, Strömung und Missweisung (s.o.) in Rechnung gebracht worden sind.

Reduktionsquadrant historisches Recheninstrument zur geometrischen Lösung von Winkelfunktionen; eine Art Karte, welche für alle Teile der Erdkugel eingerichtet ist und auf der man auf mechanische Weise ohne Berechnung die veränderte Länge oder Breite ermitteln kann, indem man die gesegelte Weite auf derselben absticht.

Robbenschlag Robbenfang in der Arktis, wobei die auf dem Eis liegenden Jungtiere mit einem speziellen Knüppel getötet werden.

Schaluppe kleineres Beiboot, das gleichermaßen gerudert wie gesegelt werden kann; die besonders leicht und scharf gebaute *Grönländische Schaluppe*, von der aus der eigentliche Walfang betrieben wird, hat eine Besatzung von 6 Mann: dem Harpunier, 4 Ruderern und dem Steuerer.

Schiemann ein im Rang unter dem Bootsmann stehender Matrose, dem auf einem Walfänger die Aufsicht über die Fischereigerätschaften obliegt, auf anderen Segelschiffen zuständig für die Takelage des Fockmastes.

Schiffer Schiffsführer auf einem kleineren Fahrzeug in der Küstenschifffahrt.

Schiffsjournal vgl. *Journal.*

Schiffschirurg vgl. *Chirurgus.*

Schmack einmastiger Küstensegler mit flachem Boden und Gaffelrigg sowie seitlich angebrachten Schwertern; verbreiteter Schiffstyp im Transport der inselnordfriesischen Walfänger zu den Ausgangshäfen wie Hamburg oder Amsterdam.

Schnau zweimastiger Rahsegler; im Unterschied zur Brigg besitzt das Gaffelsegel des Großmastes keinen Baum und das Vorderliek des Gaffelsegels ist nicht direkt am Mast, sondern an einer an demselben befestigten Spiere angebracht.

Schonerbark dreimastiges Schiff, das nur am Fockmast Rahsegel führt, die anderen beiden Masten haben Gaffel- und Schratsegel.

Schonerbrigg zweimastiges Schiff, dessen Fockmast Rahsegel führt, der dahinter liegende Großmast dagegen nur Schratsegel.

Schot Tau, womit ein Segel nach hinten angeholt wird, um es zu spannen.

Schule vgl. *Walschule.*

Schweinetreiber vgl. *Speckkönig.*

Seeraum hohe, offene See, wo man so weit von der Küste entfernt ist, dass man keiner Bedrohung durch Untiefen oder Legerwall (Gefahr durch auflandige Winde oder Strömungen) ausgesetzt ist.

Sextant nautisches Winkelmessinstrument, dessen Rahmen einen Sechstelkreis (60°) beschreibt, mit dem man u.a. den Winkelabstand eines Gestirns zum Horizont bestimmen kann.

Signal besonderes Zeichen, mit dem man optisch (z.B. einer Flagge) oder akustisch (z.B. einer Kanone) eine Mitteilung, einen Befehl oder auch nur einen Gruß von Schiff zu Schiff übermittelt.

Skorbut Krankheit, die bei anhaltendem Fehlen von Vitamin C in der Nahrung entsteht.

Sommerfahrt sommerliche Walfangfahrt, auf der die Schiffe die europäischen Ausgangshäfen im zeitigen Frühjahr verlassen und im Herbst wieder zurückkehren, im Gegensatz zur *Winterfahrt* (s.u.).

Speckbank eine große Bank, auf der die Speckstücke zerkleinert werden.

Speckhaus Haus in einer grönländischen dänischen Kolonie, in dem Walspeck gelagert wird, bevor dieser weiterverarbeitet wird; insbesondere Walfangschiffe des KGH lagern dort ihren überschüssigen Speck ein, wenn die Speckfässer an Bord voll sind.

Speckkönig Matrose, der den durch das Flensgatt geworfenen Speck beiseite räumt; der Speckkönig wurde wegen seines strengen Geruchs auch *Schweinetreiber* oder *Stinker* genannt.

Speckkönigin Gehilfe des *Speckkönigs.*

Speckschneider Offizier an Bord eines Walfängers, dem das *Flensen* des Wals und die weitere Verarbeitung des Walspecks obliegt.

Speckschneidermaat Stellvertreter und Gehilfe des Speckschneiders im Offiziersrang.

Specksporen eiserne Spikes, die unter die Arbeitsstiefel der Speckschneider und seiner Gehilfen geschnallt werden, damit sie beim *Flensen* außenbords auf der glatten Haut des Wals einen sicheren Halt finden und nicht ins Wasser fallen.

Spill starke Winde, etwa zum Lichten des Ankers, zum Bugsieren oder Fieren schwerer Lasten; das *große Spill*, die Hauptwinde, befand sich hinter dem Großmast auf dem ersten Deck.

Stinker vgl. *Speckkönig*.

Straat-Davis-Fahrer Seefahrer, der in die Davis-Straße fährt, für gewöhnlich zu den dänischen Kolonien auf Westgrönland, dabei häufig im Gegensatz zu dem Begriff *Grönlandfahrer* (s.o.) stehend.

Strandschneider Matrose an Bord eines Walfängers, der beim *Abmachen* die langen Speckstreifen in kleinere würfelförmige Stücke schneidet und sie dem *Bankschneider* zur weiteren Verarbeitung zuliefert.

Strich 32. Teil der Kompassrose bzw. der 32. Teil eines Vollkreises (= 11,25°), wodurch der Horizont in 32 Striche (Teile) geteilt wird.

terrestrische Navigation Standortbestimmung auf See mit Hilfe von Standlinien, die in eine Seekarte eingezeichnet werden; eine Standlinie ist eine Linie, auf der sich das Schiff zum Zeitpunkt der Beobachtung befindet.

Tranbrennerei Anlage zum Abkochen des Walspecks, um daraus Tran zu gewinnen.

Trankocherei vgl. *Tranbrennerei*.

Unterkajütswächter unterster Rang auf einem Walfangschiff und noch unter dem *Kajütsjungen* stehend; Unterkajütswächter waren selten älter als 10-12 Jahre.

Vinke Speckwürfel.

Vordersteven der vorne den Kiel nach oben verlängernde Holzbalken als vorderer Abschluss des Schiffsrumpfs.

Walschule Walherde.

Wasserschout Musterungsbeamter eines Seemannsamtes, der bei Heuerkonflikten zwischen Mannschaft und Kapitän vermittelt und zu diesem Zweck von allen ein- und auslaufenden Schiffen eine Heuerliste mit allen an- und abgemusterten Seeleuten samt ihrer Heuer erstellt.

Winterfahrt Walfangfahrt, auf der die Schiffe in Grönland überwintern, um insbesondere die für den Walfang günstige Frühjahrssaison nutzen zu können; vgl. *Sommerfahrt*.

Wrak Abtrift.

Anhang

Das Grönländische Recht von 1695

Das aus alten – offenbar baskischen – Gewohnheitsrechten hervorgegangene *Grönländische Recht* war in den meisten europäischen Walfangnationen anerkanntes und bis in das 19. Jahrhundert hinein auch praktiziertes Recht. Es wurde erstmals 1677 in den Niederlanden in der *„Ordre op het bergen van goederen"* kodifiziert, erlangte dort aber erst am 22. Januar 1695 Gesetzeskraft. Die nachstehende deutsche Übersetzung bei Zorgdrager 1723: 378ff. basiert auf dem 1722 in 's-Gravenhage erschienenen Nachdruck *„Reglement van de Groenlandtsche visscherije over het bergen der goederen en hetgeene daar aan dependeert, nevens Haar Edele Groot Mog. Resolutie van approbatie, in dato den twee en twintighsten Januarij 1695"*.[296]

Das Grönländische Recht umfasst lediglich 12 Artikel, die sich in vier Rubriken einteilen lassen:

1. §§ 1-8: das Bergen von Mannschaft und Schiffsgütern aus verunglückten Walfangschiffen,
2. §§ 9-10: das Eigentumsrecht an einem harpunierten Wal,
3. § 11: die Entschädigung von Seeleuten, die bei der Verteidigung des Schiffes gegen feindliche Übergriffe oder Kaper zu Schaden gekommen sind,
4. § 12: die Einschaltung eines Schiedsgerichts in Streitfragen, die durch die voraufgehenden Paragraphen nicht berührt werden.

---

296 Vgl. de Jong 1972-79: 2,124ff. und 141ff. (dort Abdruck der niederländischen Fassung vom 22. Jan. 1695); vgl. ferner Dekker 1971: 288ff; eine zusammenfassende deutsche Paraphrase geben Brinner 1913: 108ff. und Münzing 1978: 26ff.; vgl. ferner die Übersetzung bei Lindeman 1869: 12f.

Reglement und Ordnung, durch die Committirten von der Grönländischen Fischerei, wegen des Bergen der Mannschaft und Güter derer in dem Eis verunglückten Schiffe, aufgesetzet.

I Wenn ein Schiff verunglücket, und der Commandeur und das Volk, sich zu retten suchen, soll das erste Schiff, an welches sie kommen, dieses zu thun schuldig seyn; und wenn dieses einem andern Schiffe begegnet, soll es die Helfte des besagten Volkes übergeben, wie auch das geborgene Volk schuldig seyn soll, überzugehen; es wäre denn, daß das zweite Schiff bereits geborgenes Volk inne hätte, in welchem Fall das Volk *pro rato*[297] vertheilet werden soll, daß eines so viel als das andere, und ein jedes der beiden Schiffe die Helfte des Volkes habe: und wenn sie zu andern Schiffen kommen, soll alsdenn wieder, wie zuvor, eine Vertheilung geschehen.

II Die Victualien, welche die geborgenen an Bord bringen, sollen von ihnen selbst verzehret werden; und was noch übrig seyn mögte, nachdem sie an das zweite oder folgende Schiff gekommen sind, davon sollen sie demselben *pro rato* des Volkes mitgeben: desgleichen soll den salvirten Chaloupen, so keine Victualien mitbringen, aus Christlicher Liebe beigestanden werden, mit Beding, daß sie arbeiten, wie andere Matrosen.

III So auch wenn ein oder mehrere Schiffe und Güter in Grönland bleiben müßten, oder verlohren würden, so soll der Commandeur und Schiffer, oder wer an ihrer Stelle ist, ein jeder für so viel ihn angeht, so lange sie darbei sind, ihre freie Wahl haben, ob sie das Gut wollen bergen lassen, und wie? jedoch daß die Commandeurs, so allda gegenwärtig sind, die Freiheit haben sollen, solche Güter zu übernehmen oder nicht.

---

297 *pro rato* 'anteilig, dem (vereinbarten) Anteil entsprechend'.

IV   Wenn jemand zu einem oder mehreren gebliebenen oder verlohr-
nen Schiffen und Güter kömmet, so verlassen seyn mögten, und
niemanden darbei fände, so mag er solches Gut bergen. Von diesen geborgenen Gütern, es sey Geräthschaft zum Wallfisch-Fang,
Speck, Tran, und Wallfisch-Barden, ingleichen Wallruß-Zähne,
und auch Schiff-Geräthschaft, oder was dergleichen mehrers
seyn mögte, soll, wenn er hier zu Lande kömmet, die eine Helfte
dem zuguten gehen, der es gerettet hat, und die andere Helfte,
denen verbleiben, die es verlohren haben, welchen derjenige, so es
gerettet hat, die Helfte heraus geben soll, ohne Fracht, Partenier-
Geld oder andere Unkosten zu fordern oder zu prätendiren.

V   Woferne ein oder mehrere Schiffe oder Güter vor dem Bergen,
von denen, so Monat-Gelder, und den Parteniers, welche Theil
haben, wäre verlassen worden, so sollen weder die, so auf Sold,
noch die auf Part dienen, von dem geborgenen Schiffe, Schiffen
und Gütern nichts geniessen oder zu prätendiren haben, und soll
in diesem Fall das Gut des Schiffes, und das von dem Wallfisch-
Fang denen Rhedern zu gute gehen, und von ihnen genossen werden.

VI   Wenn aber das Volk von dem gebliebenen Schiffe oder Schiffen
und Gütern darbei ist, und die Güter hat retten helfen, sollen aus
dem reinen vierten Theil von allen geborgenen, die so um Sold
auf dem Schiffe dienen, ihr bedungenes Monat-Geld, und die
Parteniers oder welche um Part dienen, für ihre gethane Arbeit
ein Monat-Geld zu 20 Gülden des Monats geniessen, bis dahin,
als das Schiff geblieben ist, so daß die Parteniers in diesem Fall,
als die, so um monatlichen Sold dienen, gegen die gemeldte 20
Gulden des Monats, consideriret werden, zu rechnen von dem
Geldlosen Monat: wenn jedoch der vorherbesagte vierte Theil
nicht so weit reichen sollte, wird ein jeder, sowol der um Sold, als
der auf Part dienet, nach Advenant missen müssen, und was von
demselben vierten Part über die erwehnte Monat-Gelder Über-
schuß ist, soll den Rhedern zum Profit kommen.

191

VII   Der Commandeur, so einiges Gut rettet, soll die bedungene Portion rechnen, in Ansehen seiner Parteniers, nach Proportion des Capitals, das es auswirfet, dasselbe Capital als den Fang von Tran und Baarden gerechnet: aber die um Sold dienen, sollen nichts davon geniessen, und sollen funfzig Quartele Tran, und sechzehn hundert Pfund Baarden für einen Fisch gerechnet werden, das geborgene zum Capital zu machen, und den Tran und Baarden nach dem Markt zu rechnen.

VIII   Alle solche geborgene und zu Schiff gebrachte Güter, sollen allen Vorfall von Schaden und Haverei, eben sowol als eigen Gut, unterworfen seyn.

IX   Wenn jemand in dem Eis einen Fisch getödtet hat, und durch Ungelegenheit nicht könnte an Bord kriegen, so bleibet er Eigner, so lange jemand vom Volk darbei ist; und wenn kein Volk darbei ist, ob er ihn schon an einem Schots[298] vest gemachet, so mag der, welcher dahin kömmet, diesen Fisch zu sich nehmen.

X   Wenn man bei dem Land sich befindet, und es hat jemand einen Fisch, mag er den vor Anker, Dreggen oder kleinen Ankern, und Seil vest legen, nebst einem Zeichen oder Busch darauf, und wenn schon niemand dabei ist, so bleibt er doch dem Eigenthümer liegen.

XI   So auf der Reise nach Grönland, unter der Admiralschaft, im Defendiren jemand an seinen Gliedern verstümmelt würde, soll dafür, der Billigkeit nach, von den Committirten der Grönländischen Fischerei zu ermäsigen, bezahlet, und solches repartiret werden über die ganze Flotte: so auch in der Rückreise.

XII   Endlich, so einige Sachen, die hierinnen nicht begriffen sind, sich hervor thun sollten; will man selbiges durch ehrliche Leute ausmachen lassen.

---

298 Niederländ. *schots* 'Eisscholle'.

DAS EYLAND IAMES IN
NORD AMERICA